Regina Wallner

Tochter der Vertriebenen

Autobiographie

arovell verlag gosau sazburg wien

Regina Wallner, Tochter der Vertriebenen
Autobiografie
ISBN 9783902808110 Buchnummer e811
arovell verlag gosau salzburg wien 2012

Alle Rechte vorbehalten!
Das Werk ist einschließlich aller seiner Teile urheberrechtlich geschützt. Jede Verwertung und Vervielfältigung des Werkes ist ohne Zustimmung des Verlages unzulässig und strafbar. Alle Rechte, auch die des auszugsweisen Nachdrucks und der Übersetzung, sind vorbehalten! Ohne ausdrückliche schriftliche Erlaubnis des Verlages darf das Werk, auch nicht Teile daraus, weder reproduziert, übertragen noch kopiert werden, wie zum Beispiel manuell oder mit Hilfe elektronischer und mechanischer Systeme inklusive Fotokopieren, Bandaufzeichnung und Datenspeicherung. Zuwiderhandlung verpflichtet zu Schadenersatz. Alle im Buch enthaltenen Angaben, Ergebnisse usw. wurden vom Autor bzw. von der Autorin nach bestem Wissen erstellt. Sie erfolgen ohne jegliche Verpflichtung oder Garantie des Verlages. Er übernimmt deshalb keinerlei Verantwortung und Haftung für etwa vorhandene Unrichtigkeiten.
Cover Paul Jaeg. Satz: Arovell.
Gedruckt auf umweltfreundlichem Papier.

Gefördert vom Bundesministerium für Unterricht, Kunst, und Kultur, von den Landeskulturämtern und von Gemeinden.

Spuren in die Vergangenheit

Spuren in die Vergangenheit führen mich unter anderem in die Ferne. Das ehemalige Jugoslawien ist das Land meiner Ahnen und Urahnen.
Franztal, damals eine deutsche Ortschaft südlich von Belgrad gelegen, war Geburtsort und Heimat meiner Mutter und ihrer Familie.
Durch den Zweiten Weltkrieg mussten sie vor den grausamen kommunistischen Partisanen flüchten, verloren all ihren Besitz, Häuser, Äcker und Gärten – das Lebenswerk von Generationen.

Dies ist der zweite Teil von „Mädchenjahre-Kriegsjahre" der aufzeigt, wie viel Leid der Zweite Weltkrieg verursacht hat und zu welch grausamen Taten manche Menschen fähig sein können.

Inhaltsverzeichnis

Seite 004	1. Winterkind
Seite 007	2. Ich usw.
Seite 008	3. Ein großer Tag
Seite 011	4. Dem Tode näher als dem Leben
Seite 013	5. Kindheitserinnerungen
Seite 015	6. Weihnachtserlebnis
Seite 018	7. Meine Schulzeit
Seite 025	8. Schifffahrt im Sautrog
Seite 028	9. Futter holen in der Kohlerau
Seite 035	10. Meine Erziehung als Kellnerin
Seite 040	11. Kriegserinnerungen alter Kameraden
Seite 043	12. Erste Liebe
Seite 051	13. Uromas Besuche
Seite 060	14. Hochzeit
Seite 069	15. Freudiges Ereignis
Seite 075	16. Einzug ins Haus
Seite 081	17. Hochwasser
Seite 085	18. Wahre Wunder
Seite 098	19. Mein Dornenvoller Weg
Seite 101	20. Ein schwarzer Tag
Seite 107	21. Der Tag X
Seite 112	22. Schocknacht
Seite 122	23. Kein Ende in Sicht
Seite 125	24. Tragischer Todesfall
Seite 128	25. Kontakte in die USA

Seite 132	26. Auf Messers Schneide
Seite 138	27. Unsere längste Reise
Seite 152	28. Sonnenfinsternis
Seite 154	29. Hochwasser 2002
Seite 156	30. Ein ganz normaler Sommer
Seite 158	31. Urlaub in Italien
Seite 170	32. Spuren in die Vergangenheit
Seite 179	33. Reise in die Vergangenheit
Seite 210	34. Die Hölle auf Erden
Seite 217	35. Tagebuch meiner jüngsten Krankengeschichte
Seite 238	36. Noch einmal Franztal
Seite 252	37. Gedanken zum Schluss

Winterkind

Schnee vor der Wiege,
Eis auf dem See,
die Kälte des Winters
tut mir heute noch weh.
Ich liebe die Sonne,
die Wärme, das Licht,
scheint direkt in mein Herz,
liebkost mein Gesicht.
Im Steinbock geboren,
vom Schicksal nicht verschont,
doch den Glauben nie verloren,
der in meiner Seele wohnt.

Ich

Niemals alles besitzen, was ich will,
niemals zu wenig, doch auch nicht zu viel.
Die goldene Mitte ist meines Lebens Ziel.
Mittelmäßigkeit ist nicht so schlecht,
so leb ich gern, so ist´s mir recht.
Niemals mein weiches Herz verlieren,
immer die Gefühle andrer spüren.
Mehr Wissen ist´s was ich erstrebe,
es wird sich zeigen, ob ich´s erlebe.
Doch Träume soll´n mich stets begleiten,
mit der Wirklichkeit sich streiten.
Viele Schwüre schon gebrochen,
viel Gesagtes widerlegt,
manche Wünsche längst vergessen,
mit Leidenschaft Familie gepflegt.

Ein großer Tag

Der 7. Juni 2003 war einer meiner glücklichsten Tage. Mein Lektor brachte mir die ersten Ausgaben meines Buches, „Mädchenjahre – Kriegsjahre". Es war ein erhebender Moment, als ich fast ehrfurchtsvoll eines der Bücher aus dem Karton nahm und durchblätterte. Endlich habe ich es geschafft, dachte ich, ich bin Autorin. Es war nicht Stolz, was ich empfand, ich war glücklich und zufrieden, dass ich nicht versäumt hatte, die Lebensgeschichte meiner Mutter zu verfassen. Hätte mir Mama ihre bewegende Geschichte nicht erzählt, wäre ich nie auf die Idee gekommen, ein Buch zu schreiben. Leider ist sie noch vor der Veröffentlichung ihrer Biographie gestorben, doch die Erinnerung an sie ist niedergeschrieben, veröffentlicht und somit Teil der Kriegsgeschichte. Viel zu früh hat sich meine Mama vom irdischen Dasein verabschiedet, durfte nicht mehr miterleben, wie begeistert und berührt die Menschen auf die Aufzeichnung ihres Schicksals reagierten, was mir im Nachhinein sehr leid tut.

Es geschah Anfang des Jahres 1996, als ich eine regelrechte Eingebung hatte. Während ich eines Sonntags die üblichen Schnitzel panierte, kam mir blitzartig die Idee, die Biographie meiner Mutter zu verfassen. So begann ich, meine grauen Gehirnzellen zu aktivieren. Der passende Titel fiel mir schnell ein und ich dachte, Aufsätze zu schreiben, hatte ich doch seinerzeit in der Schule gelernt und ein Buch sei ja auch nichts Anderes als viele Aufsätze, die eine gesamte Geschichte ergeben. Meine Familie glaubte damals nicht daran, dass ich dieses „Hirngespinst" wirklich realisieren würde, doch inzwischen sind sie stolz auf mich. Der wichtigste Schritt dazu war aber, Mamas Einverständnis und ihre Bereitschaft, von ihrem bewegten Leben zu erzählen. Sie tat das gerne und mit großem Interesse an meinem Vorhaben. Der Anfang war gemacht, doch die viele Schreibarbeit, die vor mir lag, dauerte mit etlichen langen Pausen fast fünf Jahre lang. Mama erzählte und erzählte, ich stellte zwischendurch Fragen und schrieb mir Stichwörter auf. Nach dem Recherchieren begann ich zu Hause meine ersten Sätze mit Bleistift auf einen großen Block zu schreiben. Ich hatte eine neue Aufgabe gefunden, die mich manchmal fesselte, aber dann wieder auf der Suche nach den „richtigen" Formulierungen, fallweise für Wochen pausieren ließ. Überall im Haus hatte ich Zetteln und Stifte liegen, ich war allzeit bereit für den nächsten „Geistesblitz". Mit meinen sonst so ruhigen, erholsamen Nächten war es aus und vorbei. Oft rüttelten mich meine Gedanken aus dem Schlaf, und bevor ich nicht zu Papier brachte, was mich bewegte, ist an Einschlafen nicht mehr zu denken gewesen. Oft vergrub ich mich in meiner eigene Gedankenwelt und war in diesen Phasen für meine Familie als Gesprächspartner unerreichbar. Gelegentlich las ich meiner Mutter vor, was ich geschrieben hatte, um Gewissheit zu haben, dass ihre Erzählungen auch stets wahrheitsgetreu von mir wiedergegeben wurden. Oftmals überkamen uns Momente der Rührung, sodass wir uns weinend gegenüber saßen.

„Mädchenjahre – Kriegsjahre" löste eine Welle der Begeisterung aus, und es wurde mir immer wieder bestätigt, wie wichtig es war, diese zum Teil sehr grausamen Geschichten des Krieges nieder geschrieben zu haben. Das gab mir den Anstoß und neue Motivation, weiter zu machen. Dieses Mal wollte ich von meinen eigenen Lebenserfahrungen erzählen, die im weitesten Sinne eine Fortsetzung von „Mädchenjahre-Kriegsjahre" darstellen.

Dem Tode näher als dem Leben

Sich an seine frühe Kindheit zu entsinnen fällt, so glaube ich, jedem Menschen furchtbar schwer. Man kann sich meist nur an ganz gravierende Ereignisse oder Tragödien erinnern, die einen oft für das spätere Leben prägen. Meist sind es traumatische Erlebnisse, die man sich ein Leben lang merkt und die sich wie ein roter Faden durch das ganze Leben ziehen. Dazu, mich an solchen Fäden fest zu halten, fühle ich mich verpflichtet – und zwar an meiner Mutter und dem lieben Gott.
Im zarten Alter von drei Jahren und zehn Monaten aß ich eine Tablette, eingewickelt in Silberfolie, die zum Vergiften von Fliegen auf dem Fensterbrett lag. In meiner Atemnot schlug ich mit Händen und Beinen wild um mich, was ich aus Erzählungen weiß.
Doch sehr gut kann ich mich noch an das Krankenzimmer im Kinderspital Riesenhof in Linz erinnern. An die Gitterbettchen, die neben und auch gegenüber von meinem standen, und an die vielen weinenden „Leidensgenossen" in diesem weißen Raum. Nach meiner schweren Vergiftung wurde ich lange Zeit mit Diätkost ernährt. Bis zum heutigen Tag weiß ich noch, was ich zu essen und zu trinken bekam. Nie habe ich den Geschmack von wässrigem Karottenpüree

und abgekochter Milch vergessen. Vielleicht war es ja Dosenmilch oder Trockenmilch, jedenfalls hatte sie einen ganz eigenartigen Geschmack. Nie wieder in meinem ganzen Leben habe ich so eine Milch getrunken. Und das Karottenpüree schmeckte süßlich fade. Als ob ich mir selber zuschauen würde, sehe ich mich in meinem weißen Gitterbettchen sitzen und nach Mama rufen, die ich durch ein kleines Fenster in der Tür flüchtig gesehen hatte.

Ohnmächtig und beinahe leblos hatte mich Wochen zuvor Mama die weite Strecke mit dem Zug, besser gesagt mit zwei Zügen und einem Taxi, von Grünau nach Linz gebracht. Wie verzweifelt musste sie gewesen sein, als man mich beinahe nicht aufnehmen wollte, weil ich das Alter von drei Jahren schon überschritten hatte. Nur Kleinkinder bis zu drei Jahren wurden im Krankenhaus Riesenhof aufgenommen. Die geistlichen Schwestern brachten es jedoch nicht fertig, eine Mutter mit ihrem todkranken Kind wegzuschicken. Diesen gutherzigen Frauen habe ich meine Rettung zu verdanken. Heute bin ich achtundfünfzig Jahre alt und meiner Mutter unendlich dankbar, dass sie mir zweimal das Leben geschenkt.

Kindheitserinnerung

Mit welchem Alter ein Kind fähig ist, sein Gedächtnis zu entwickeln, ist mir nicht bekannt. Meine Erinnerung begann im zarten Alter von zwei Jahren und sechs Monaten. Das soll nicht heißen, dass ich mich ab diesem frühen Kleinkindalter lückenlos an alles entsinnen kann, aber dieser Besuch bei meinen Großeltern und meinen neun Tanten und Onkeln hinterließ bis heute bleibende Erinnerungen: Mama nahm mich mit nach Asten zu ihrer Familie, um die neue Barackenwohnung des dortigen Flüchtlingslagers zu besichtigen.

Nach ihren allzu traumatischen Episoden der jahrelangen Flucht und der viel zu kleinen Wohnung in Eggenstein, war es ihnen von Herzen vergönnt, endlich eine Wohnung zu bekommen, die für die Großfamilie genug Platz bot. Ich habe noch heute den langen Flur vor Augen mit den vielen hohen, weißen Türen beiden Seiten. Mama schaute sich um und klopfte schließlich an eine Tür auf der linken Gangseite. Die Freude über das Wiedersehen war groß. Oma und Opa Spreitzer zeigten uns stolz ihre neue große Wohnung. Oma war mit dem Abwasch beschäftigt, den sie auf dem großen Küchentisch in zwei Blechwannen erledigte. In der Wohnung gab es kein Fließwasser und auch keinen Abwasserkanal. Das saubere Wasser musste man von einem Hahn im Flur holen, der für alle Bewohner zu benutzen war, dann auf dem Küchenherd wärmen und das Schmutzwasser irgendwo ins Freie schütten. Die Baracken waren ja auch nur Notunterkünfte für Flüchtlinge, die erst nach und nach Arbeit und passende Wohnungen finden oder bei Bauern wohnen und arbeiten konnten. Viele Familien sind damals auch ausgewandert, nach Übersee. Ich spielte mit meinem Onkel Seppi, der nur zwei Jahre älter war als ich, und mit Gerti, meiner gleichaltrigen Tante. Die Toilette, die ich im Laufe des Nachmittags aufsuchen musste, befand sich ebenfalls im Flur. Mama begleitete mich, ließ mich aber dann allein mein Geschäft verrichten und ging wieder zurück in die Wohnung. Alleine und wusste dann aber nicht mehr, welche Tür die richtige war, hinter der ich Mama wieder finden würde. Ich musste mich auf die Zehenspitzen stellen, um die Schnalle einer riesigen weißen Tür zu erreichen. Doch nach dem Öffnen war die Enttäuschung groß. Verwundert sah ich nur fremde Leute. Suchend schaute ich umher, aber Mama konnte ich nicht finden. Weinend und verschreckt brachte mich schließlich diese fremde Frau in die richtige Wohnung. Noch heute weiß ich, welche Angst ich vor den riesigen Türen hatte, die mich in die Irre führten.

Weihnachtserlebnis

Tief verschneit war mein Schulweg Anfang Dezember. Mühevoll kämpfte ich mich durch die weiße Pracht. Meine Stiefel waren zu kurz, und auf der Strumpfhose, die Mama gestrickt hatte, klebte der Schnee, sodass ich mit nassen Füßen in der Schulbank saß. Trotzdem war es eine schöne Zeit, denn es kamen bald Weihnachten, und damit auch die Geheimnisse um das Christkind, an das ich natürlich noch glaubte. Es war eine spannende Zeit voller Erwartungen. Damals wurde man noch nicht im Kindergarten aufgeklärt, dass die Eltern den Christbaum aufstellten, schmückten und auch die Geschenke selber bastelten oder kauften.

Das Christkind stellte ich mir als einen Engel mit weißem Kleid vor, mit großen Flügeln und goldenen Locken, genauso wie es meine Eltern beschrieben hatten. Ich konnte mir nicht vorstellen, dass das Jesuskind in der Krippe, das kleine Baby, das Christkind sein sollte. Wie konnte ein kleines Kind den schweren Christbaum durch das Fenster ins Zimmer bringen und die Geschenke darunter legen? Nein, das musste ein Märchen sein!

Der Heilige Abend ließ aber doch immer lange auf sich warten. Bevor ich mich so richtig darauf freuen konnte, hatte ich erst den Krampus zu überstehen, der mit Lärm und Gepolter in unser Haus kam, mit seiner Kette rasselte und einer Weidenrute wild umher fuchtelte. Dieser wilde Geselle war wirklich zum Fürchten, und wenn er mir dann auch noch meine kleinen Sünden vorwarf, dann waren das meine schlimmsten Momente des ganzen Jahres. Erst als diese gruselige Gestalt tobend und wild gestikulierend unser Haus verließ, spürte ich große Erleichterung, und alle Angst war wieder für ein Jahr vergessen. Papa sagte dann: „Das war wieder der alte Kupfer-Krampus, der ist immer am Wildesten." Wenn dieser Abend überstanden war, dann konnte ich mich voll und ganz auf die Weihnachtszeit konzentrieren.

In der Küche herrschte stets reges Treiben mit Kuchen und Kekse backen, aber mein Interesse galt natürlich hauptsächlich dem Christkind. Ob ich es wohl diesmal sehen würde? Und eines Abends, als ich mich wieder einmal suchend umschaute, sah ich es plötzlich. Auf dem Grünauberg entdeckte ich eine weiße, engelhafte Gestalt. Vor Freude rannte ich in die Küche: „Mama, Mama, ich hab das Christkind geseh´n, komm mit, ich zeig es Dir." Mama ging mit mir in den Hof und ich zeigte ihr das Christkind auf dem Grünauberg. „Ja, es ist möglich, dass da oben das Christkind ist", sagte sie. Unverändert und bewegungslos saß mein Engel Tag für Tag auf dem Berg, auch dann noch, als die Weihnachtszeit schon vorbei war und unser Christbaum seinen letzten Ehrenplatz neben dem Vogelhäuschen bekam.

Allmählich wurde aus, dem Schneemann, den ich gebaut hatte, eine traurige Figur mit hängender Karottennase, sein Hut hing übers halbe Gesicht und sein Besen lag auf dem Boden. Auch das Christkind auf dem Berg sah ich nicht mehr, aber das war doch auch klar, dass man so lange nach Weihnachten das Christkind nicht mehr sehen konnte.

Meine Schulzeit

Auch meine Kindergarten- und Schulzeit ist mir noch sehr lebhaft im Gedächtnis. Paradoxerweise waren damals die Ältesten und die Jüngsten der Gemeinde im selben Haus untergebracht. Altenheim und Kindergarten befanden sich im selben Gebäude. Vor allem erinnere ich mich noch an den üblen Geruch in diesem alten Haus und an den Garten im Wald, in dem wir bei Schönwetter geschaukelt und gespielt haben. Großer Andrang herrschte immer an der Schaukel und manchmal wurde auch darum gezankt, denn zu Hause hatte damals noch kein Kind so ein lustiges Spielzeug. Unsere Kindergärtnerinnen waren geistliche Schwestern, die auch die Alten versorgten. Als ich dann eingeschult wurde, bekam ich von meinen Eltern ein wunderschönes rotes Fahrrad mit Luftbereifung. Viele Jahre fuhr ich täglich damit zur Schule, so lange, bis ich belächelt wurde, weil mir dieses Gefährt längst zu klein geworden war.

Mit dem Schulbeginn kam dann eine Zeit von unzähligen Leiden und Krankheiten auf mich zu. Ich schnappte wirklich jede Unpässlichkeit und jede Ansteckungserkrankung auf, die im Umlauf war, was dazu führte, dass ich mit dem Lernen immer hinten nach hing, Unterricht und Schule keinen Spaß mehr machten. Lange Zeit war ich ein kränkliches Kind, das bildlich gesprochen, unter einem Glassturz hätte leben müssen, um nicht jeden Virus, jede ansteckende Krankheit aufzuschnappen. Schon in der ersten Klasse hatte ich eine akute Nierenbeckenentzündung. Mehrere Wochen musste ich zu Hause bleiben, hatte strenge Bettruhe verordnet bekommen und verpasste daher viele wichtige Unterrichtsstunden. Ich sollte so viel Versäumtes nachholen, dass ich mich selten auf gegenwärtige und schon gar nicht auf zukünftige Aufgaben vorbereiten konnte. Natürlich war ich daher oft das „Schlusslicht" in der Klasse. Damals gab es noch in jedem Klassenzimmer einen Kachelofen, der während der Winterzeit täglich vom Schuldiener geheizt wurde. Wegen meiner Überempfindlichkeit durfte ich mich auf eine Schulbank neben den Kachelofen setzen. Und Mama strickte warme Winterbekleidung, wie Strumpfhosen, Röcke, Pullover, Mützen und Schals für mich. Aufgrund der wohligen Wärme schlief ich während des Unterrichts manchmal ein, sodass ich erst recht vom Lehrstoff nichts mitbekam.

Unzähligen Blasenentzündungen machten jeden Schulausflug zur Plage. Viel zu oft musste ich während mancher Wanderungen austreten, traute mich aber oft nicht die Lehrpersonen zu fragen und kam deswegen meistens mit nassem Höschen nach Hause. Während der Sommerferien von der zweiten zur dritten Klasse litt ich an einer schweren Hepatitis, laut Volksmund eine Gelbsucht, die höchst ansteckend war. Ich hatte hohes Fieber, meine Haut und meine Augen waren gelb wie Wachs. Meine Ferien verbrachte ich also zum großen Teil im Bett, bei strenger Diät, die ganz strikt einzuhalten war, um meine Leberentzündung zu bekämpfen. Diese Krankheit schwächte mich so sehr, dass ich mehrere Monate zur Rehabilitation brauchte. Mein Immunsystem war „am Sand" und sämtliche Kinderkrankheiten, die im Bereich meines Umfeldes umhergingen, bekam ich dann natürlich auch. Zwangsläufig waren damals meine Schulnoten nicht unbedingt die besten.

In der unmittelbaren Nachbarschaft von unserem Gasthaus lebte eine pensionierte Lehrerin mit ihrem Ehemann, die mir einige Nachhilfestunden gab. Ängstlich klopfte ich bei meinem ersten Besuch an die Haustür des alten kleinen Försterhäuschens. Die Wohnstube war ein Sammelsurium von alten Möbeln, Büchern und anderem Kram, die einen besonderen Geruch verbreiteten. Nicht unangenehm, im Gegenteil, es herrschte eine gemütliche Atmosphäre in der Stube. Mein Blick fiel auf die Kuckucksuhr, die unentwegt tickte. Ich kann mich nicht mehr erinnern, was diese Frau Schmied mir beigebracht hat, doch ich weiß noch genau, dass ich Holz aufschlichten und andere Tätigkeiten erledigen sollte, die absolut nichts mit Lernen zu tun hatten. Schließlich musste ich aufgrund meiner vielen Fehlstunden und versäumten Unterrichtsstoffes die dritte Schulstufe wiederholen. Der anfängliche Frust über mein Sitzenbleiben legte sich aber bald. Zusehens besserten sich meine Noten, denn ich konnte ja den gesamten Unterrichtsstoff vom Vorjahr noch einmal mitmachen. Während der folgenden Schulstufen erholte ich mich, sowohl geistig als auch körperlich. Die besten Noten erreichte ich stets in bildnerischer Erziehung, und auch die Handarbeitsstunden mit Frau Andlinger machten mir große Freude. Meine Handarbeiten erledigte ich aber so penibel, dass ich langsamer war als meine Mitschülerinnen und am Ende des Jahres oft ein Werkstück weniger nach Hause brachte. Nach der vierten Schulstufe blieb ich weiterhin in der Volksschule, bis zur neunten Klasse, was damals die leichtere Alternative zur Hauptschule war. Eigentlich wollte ich ja nach dem Abschluss der Volksschule in eine Modefachschule gehen, doch meine Eltern hatten andere Pläne für meine Zukunft. Ich sollte zu Hause bleiben und im Gasthaus als Kellnerin und in der eigenen Landwirtschaft arbeiten, was ich dann auch tat. Mir blieb gar nichts anderes übrig, denn im Elternhaus wurde ich gebraucht, und

Widerrede gab es sowieso keine. Also machte ich genau die Arbeit, die ich mehrere Jahre lang während der Sommerferien auch erledigt hatte. Meine wohlverdienten Ferien verbrachte ich ab meinem zehnten Lebensjahr mit Arbeit, während sich meine Freundinnen im Schwimmbad vergnügten. Anneliese, ein Mädchen unserer Mieter und meine beste Spielkameradin während unserer Kinderzeit, beneidete mich oft meiner schönen Kleider wegen, doch ich beneidete sie um ihre Freiheit. Mein Badevergnügen musste erst verdient werden, was meist erst am späten Nachmittag nach der Heuernte begann. Dann hatte ich es aber eilig meine Badesachen einzupacken und zum Tümpel zu laufen. Der Wehrtümpel des Grünaubaches war dann mein ganz privater Badestrand. Der Weg führte an der alten Wagnerhütte von Karl Mitterhuber vorbei, dann schlängelte sich der Pfad durch wild wucherndes Gestrüpp von Brennnesseln und Brombeerstauden bis zum plätschernden klaren Wasser, das selbst nach längeren Hitzeperioden eine Temperatur von 19 Grad Celsius nie überschritten hatte. Das kühle Nass war die herrlichste Erfrischung nach der schweren Arbeit in sengender Hitze auf der Wiese. Zum Abendessen musste ich wieder zu Hause sein um die Gäste zu bedienen.

Seit längerer Zeit gab es damals auch im Unterrichtsministerium Diskussionen, das neunte Schuljahr einzuführen. Nachdem ich die achte Klasse beinahe hinter mir hatte, wurde dann doch die neunte Schulstufe, der Polytechnische Lehrgang, eingeführt. Unser Lehrer Walter Nedwed war von dieser Tatsache bestimmt mehr belastet als wir Schüler. Er hatte nämlich die schwierige Aufgabe, die siebte, die achte und die neunte Schulstufe gleichzeitig und in einem Klassenzimmer zu unterrichten. Er war mein liebster Lehrer der gesamten Schulzeit. Man spürte, seine Leidenschaft zu diesem Beruf. Mit seiner einfühlsamen Art hatte er für jeden seiner Schüler ein „offenes Ohr", sowohl für schulische, als auch für private Probleme. Er verstand es ausgezeichnet, strenger Lehrer und gleichzeitig Kumpel zu sein. Trotz mancher Späße, die er mit uns Schülern machte, hatten wir immer Respekt vor ihm und erkannten genau, wann „Schluss mit lustig" war. Bei Schulausflügen sagte er stets: „Heute bin ich der Walter, ihr könnt alle `Du´ zu mir sagen." Natürlich kannten wir auch eine seiner Schwächen, er trank gerne Bier, und an so manchen Ausflügen bekam Herr Lehrer genug davon, denn da wurde er von uns eingeladen, und bevor er ausgetrunken hatte, stand die nächste Flasche bereit. Dann hatten wir erst richtig Spaß mit Walter. Er begann Witze zu erzählen, die

fallweise nicht ganz jugendfrei waren. Wenn wir Jugendlichen auch manche Pointe nicht recht verstanden hatten, interessant waren solche Witze immer. Mein Bruder Alfred wird Herrn Lehrer Nedwed ewig dankbar sein, weil er ihm das Textrechnen so eingetrichtert hatte, dass er bis heute blitzschnell jede Aufgabe lösen kann. Mein Bruder durfte zu ihm in die Privatwohnung kommen, in der er ihm gratis Nachhilfestunden gab. Walter Nedwed war Lehrer aus Passion. Ihm war wichtig, dass seine Schüler Interesse zeigten.
Während der letzten Schulstufe stand dann auch Sexualunterricht auf dem Lehrplan, was für Lehrer und Schüler gleichermaßen peinlich war. Zu Hause hatte ich von diesem Thema nichts erfahren, deshalb war dieses Fach für uns pubertären Jugendlichen höchst spannend. Es wurden natürlich nur andeutungsweise sexuelle Handlungen geschildert, deshalb habe ich auch einiges nicht gleich auf Anhieb verstanden. Hauptsächlich wurden hier allerdings Warnungen ausgesprochen, zum Beispiel wie man sich gegen eine Vergewaltigung wehren oder sich vor Schwangerschaft und unangenehmen Ansteckung mit Geschlechtskrankheiten schützen konnte.

Schifffahrt im Sautrog

Die strengen Wintertage meiner Kindheit sind schon lange Geschichte. In meinem Heimatort im Salzkammergut nördlich der Alpen schneite es manchmal so heftig, dass sich an den Straßenrändern riesige, meterhohe Schneewände auftürmten. Die Schneeräumung funktionierte bei weitem nicht in dem Ausmaß wie heute und Streusalz gab es damals noch nicht. Autos waren nur sehr wenige auf der Straße, und selbst die mussten bei extremen Bedingungen nicht unbedingt fahren. Der Weg zur Schule war zu meinem Glück nicht sehr lang, doch musste ich oft durch tiefen Schnee stapfen. Die Schneemassen reizten aber auch zum Toben auf dem Abhang hinter unserem Hof. Nach den Pflichten der Schule und der erledigten Hausübung, trieb es mich hinaus auf meine ganz private Schipiste. Mit meinem Bruder Alfred und den Nachbarskindern herrschte dann reges Treiben hinter der Holzhütte. Auf unseren Skiern sausten wir den Hang hinunter und testeten, wer der Schnellste war. Manchmal lag so viel Schnee, dass unser Abhang bis über das Hüttendach reichte, sodass wir die Abfahrt um einige Meter verlängern konnten. Bis zum Dachfirst brettelten wir hinauf und dann flitzten wir den langen Hang hinunter.

Es gab natürlich nicht jedes Jahr solche Schneemassen, aber als ich etwa zehn oder elf Jahre alt war, gab es wieder so viel von der weißen Pracht, danach eine Regenperiode im Februar, sodass in den Mulden der tiefverschneiten Wiesen Seen entstanden. Am Fuße unserer Schipiste bildete sich ebenfalls ein großer Teich, und da wir nicht Ski fahren konnten, hatten wir Kinder eine andere geniale Idee, unseren Nachmittag zu gestalten.

Im Schlachthaus stand ein großer Holztrog, der sogenannte Sautrog, den Papa dazu benutzte, das geschlachtete Schwein hinein zu legen, mit Saupech zu bestreuen und mit heißem Wasser zu überbrühen. Anschließend kamen zwei Männer zum Einsatz, die mit Ketten das Schwein im Wasserbad hin und her drehten, um die Borsten abzuschrubben. Diesen Sautrog benutzten Anneliese und ich, als Boot. Wir schleppten das schwere Stück zum Hang, setzten uns hinein und rutschten hinunter, direkt in den Teich. Eine Zeit lang trieben wir im Wasser. Es war aber gar nicht so einfach den Trog, der einen ebenen Boden hatte, einigermaßen ruhig zu halten ohne dabei zu kentern. Irgendwann hatten wir schließlich genug von unserer Schifffahrt. Ich bemühte mich, aus diesem schwankenden Trog zu steigen um ihn an

Land zu ziehen. Mit meinen Gummistiefeln konnte ich mich aber auf dem rutschigen Ufer nicht halten. Weil Anneliese mich am Arm festhielt, schlitterte ich immer weiter ins tiefer werdende, eisig kalte Wasser. Irgendwie kroch ich endlich auf allen Vieren aus dem unfreiwilligen Bad. Anneliese hatte mehr Glück, sie lachte noch über mich und kraxelte aus dem Trog, den ich an Land gezogen hatte. Aus Angst vor der Reaktion meiner Eltern, schlich ich auf mein Zimmer und zog mich um.

Ich ärgerte mich allerdings so sehr über Annelieses Boshaftigkeit, dass ich einige Tage nicht mehr mit ihr spielte.

Futter holen in der Kohlerau

Ich bin glücklich, einer Generation anzugehören, die von der Nostalgie der Nachkriegszeit bis in die heutige Moderne des neuen Computerzeitalters gravierende Veränderungen erlebte. Nur fünfzig Jahre, die mehr Aufschwung brachten als jedes andere Zeitalter. Deshalb bin ich auch in der Lage, meinen Kindern und Enkelkindern erzählen zu können, wie umständlich und mühevoll die Arbeit früher war. Sparsamkeit, Gehorsam und Bescheidenheit wurden befolgt wie die zehn Gebote Gottes.

Schwache Erinnerungen habe ich an unser Pferd Greti, das den Leiterwagen mit Heu zog und im Herbst den Mist auf die Wiesen fuhr, der dann mit Gabeln auf die Weideflächen verteilt wurde. Jede Tätigkeit in der Landwirtschaft war damals Schinderei. Als ich etwa fünf Jahre alt war, kam unsere liebe, treue Greti in den wohlverdienten „Ruhestand" und wurde sogleich von mehreren „Pferdestärken" abgelöst. Onkel Max, der Schwager meiner Eltern, betrieb ein florierendes Fuhrwerksunternehmen, er brachte dann mehrere Jahre mit seinem Lastwagen unser Heu ein. Damals gab es noch viele Gehilfen, die sich auf den Wiesen nützlich machten. Jede Tätigkeit war schweißtreibende Handarbeit. Meine Tanten

Mitzi, Herta, Frieda und manchmal auch Tante Erna, die Schwestern meines Vaters, samt Ehemännern und Leute, die in unserem Haus Mietwohnungen hatten, waren treue Erntehelfer. Schon ab meinem zehnten Lebensjahr war ich ebenfalls immer mit dabei und zog meinen Rechen hinter mir her. Mit der Anschaffung des ersten Traktors mit Anhänger begann das revolutionäre Zeitalter der maschinellen Heuernte. Unabhängigkeit durch Mobilität war Vaters Freude und Stolz. Es dauerte mehrere Jahre bis meine Eltern in der finanziellen Lage waren Heuwender, Motormäher, Ladewagen, Greifer und andere notwendige Geräte anzuschaffen, welche die Heuarbeit enorm erleichterten.

In den Jahren 1967 bis 1968 bauten meine Eltern einen neuen Stall. Der alte war nicht mehr zeitgemäß und platzte aus allen Nähten, weil immer mehr Kälber aus eigener Zucht geboren wurden, die ihre eigene Koppel benötigten. Die veraltete Futterrinne, die sowohl mit Grünfutter und Heu, als auch mit Wasser gefüllt wurde, hatte ausgedient. Jedes Stück Vieh bekam seinen eigenen Selbsttränker. Ein breiter betonierter Futtertisch ermöglichte meinem Vater mit dem Futterwagerl direkt an die Rinne zu fahren, was früher nicht möglich war, denn die Futtertröge standen direkt an der Wand. Zur Fütterung musste man also mit der Gabel voll Heu zwischen die Tiere treten um an den Trog zu gelangen. Der neue Stall wurde größer, weitläufiger, mit mehr Stehplätze für die Tiere. Die Wände erstrahlten in strahlendem, hellem Weiß. Die Wiesenflächen unserer Landwirtschaft reichten bald nicht mehr aus für den ständig wachsenden Viehbestand. Also nahm Vater einige Wiesen für die Futterernte in Pacht.

Schon um fünf Uhr früh hieß es für meinen Bruder Alfred und mich raus aus den Federn, ein schnelles Frühstück mit Kaffee vom Vortag, und dann mit Traktor, Anhänger, Motormäher und anderem Werkzeug auf die Wiese, um Grünfutter für das Vieh zu holen. Wenn wir zu so früher Stunde geweckt wurden, dann wussten wir wo Papa das Gras mähte. Es ging zur Kohlerau, zum steilen Abhang der Kasberg Schiregion. Das Rütteln auf dem harten Traktorsitz, der Dieselgestank schon am frühen Morgen und der kühle Wind bescherten mir oft Übelkeit. Nach einer Fahrtstrecke von ungefähr sieben Kilometern hatten wir die steile Wiese erreicht. Der Traktoranhänger wurde entladen, Alfred und ich nahmen Gabeln und Rechen mit auf die Wiese und Papa den Motormäher und die Rausche, das ist eine hölzerne Rutsche, um das Gras den steilen Abhang hinunter zu ziehen. Bis Papa den Mäher startete, war es ruhig und friedlich am frühen Sommermorgen. Eine Herde Schafe weidete etwas weiter oben auf dem Flachstück der Schitrasse. Dann begann Papa zu mähen, immer quer über den Hang und stets auf der Hut, nicht abzurutschen auf dem taunassen Gras. Die scharfen Zähne des Mähers hätten üble Verletzungen verursachen können. Alfreds Aufgabe war es, hinter dem Motormäher herzulaufen und mit der Gabel das bereits gemähte Futter wegzuputzen, damit sich die Zähne des Mähers nicht verstopften. Ich rechte das schwere, nasse Gras den Hang hinunter. Das war schon schwere Arbeit für uns Kinder. Papa zog dann die Rausche den Hang hinauf, belud sie mit den Grasbüscheln, ließ sie hinuntergleiten und lud das Futter auf den Anhänger. Eine große Fläche musste gemäht und gerecht werden, bis genug Futter auf den Traktoranhänger geladen war. Genau so mühevoll wie ich diese Arbeit beschrieben habe, war sie auch. Müde und mit flauem Magen bestiegen wir dann den Traktor, Papa startete und es ging nach Hause, wo frischer Kaffee auf dem Küchenherd stand, den Oma für uns aufgebrüht hatte. Wenn dann auch noch der Bäcker die schon die frischen Semmeln gebracht hatte, die in einem Stoffsäckchen an der Haustürschnalle hingen, war das zweite Frühstück ein Genuss. Doch der Tag hatte erst begonnen, und es gab noch genug Aufgaben zu erledigen.

Geschadet hatte uns harte Arbeit sicher nicht, und es war mir auch immer wichtig, Papa mit meiner Leistung zu beeindrucken.

Was ich aber während meiner Kindheit stets vermisst hatte, waren familiäre Aktivitäten, oder zumindest das Gefühl auch Familie zu sein. Zu sonntägigen Spaziergängen war Mama nie zu bewegen, denn wenn sie nachmittags manchmal ein paar Stunden Zeit hatte, wollte sie sich verständlicherweise ausruhen. Gerne machte Papa einen Kontrollgang durch unser kleines Wäldchen, um in Ruhe seinen Baumbestand zu kontrollieren, und wenn ich manchmal mitgehen durfte, fallweise auch zum Pilze Suchen, dann genoss ich diese Zeit. Ein paar Mal gingen wir, zum Schifahren, mein Bruder Alfred, Papa und ich. Die Bretter schnallten wir schon zu Hause an und dann glitten wir zwei Kilometer querfeldein bis zu einem Abhang am Fuße des Grünauberges. Lift gab es da natürlich keinen, also mussten wir den langen Hang hinaufbretteln (was sehr zeitraubend war), bevor wir in Schussfahrt hinunter sausen konnten. Nach drei Abfahrten war der Nachmittag schon wieder zu Ende, denn vor Einbruch der Dunkelheit mussten wir wieder zu Hause sein.

Mit Freuden erinnere ich mich an einen ganz besonderen Spätsommertag. Das Heu war eingefahren und damit die wichtigste Arbeit in der

Landwirtschaft getan. Ausnahmsweise kroch ich gern aus meinem Bett, denn ich durfte mit Papa, Alfred und Onkel Friedl, eine unvergessliche Bergwanderung auf den Kasberg unternehmen. Unsere Jungkühe weideten seit dem Frühling auf der Alm und Papa wollte sehen, wie es ihnen erging. Nach etwa zweistündigem Aufstieg erreichten wir die eingezäunte Weide. In gewohnter Weise pfiff Papa, und das Vieh kam gelaufen. Zu seiner großen Freude standen sie wohlgenährt und sichtlich gesund vor uns und ließen sich streicheln. Schnellen Schrittes mussten wir durch die Weide, denn die Stiere waren nicht so freundlich wie unsere Kühe. Bis zur Sepp Huber-Hütte, wo wir übernachteten, hatten wir noch einen eine Stunde dauernden, stellenweise sehr steilen, Aufstieg vor uns. Onkel Friedl hatte aufgrund seiner Körperfülle am Meisten zu kämpfen, die Hütte zu erreichen. Müde dort angekommen, gab es als Entschädigung eine köstliche Jause, die erstaunlicher Weise auf dem Berg viel besser schmeckte als zu Hause. Das größte Abenteuer aber war die Übernachtung, denn nie zuvor hatte ich in einem anderen Gasthaus wie in unserem, geschlafen. Ich kuschelte mich auf dem bescheidenen Stockbett in meine Decke und schlief schnell ein. Als ich in der Morgendämmerung aus dem Fenster schaute, traute ich meinen Augen kaum. Ein großer Rudel

Hirsche und Hirschkühe äste ungeniert direkt vor der Hütte. Das war im wahrsten Sinne des Wortes ein einmaliges Erlebnis, das mich faszinierte und sich mein Leben lang nicht wiederholte. Nach dem Frühstück machten wir uns in herrlicher Gebirgslandschaft auf den Weg zum Gipfel, beobachteten Gämsen, die sich geschickt auf den Felsen tummelten, und genossen die herrliche Aussicht. Anschließend ging es leider wieder abwärts nach Hause. Diese zwei Tage zählten zu den schönsten und bedeutungsvollsten meiner Kindheit.

Meine Erziehung zur Kellnerin

Ich war das einzige Mädchen in der Familie, und deshalb war es für alle Mitglieder der Großfamilie selbstverständlich, dass ich die künftige Kellnerin in unserem Gasthaus werden sollte. Als ich meine „Schnupperzeit" begann, war ich erst zehn Jahre alt. Meine ersten Aufgaben waren Servietten falten und Tische decken und abservieren. Freundlicher Umgang mit Gästen war selbstverständlich und gehörte ebenfalls zu meinem Lernprozess. Meine kindliche Schüchternheit wurde mir oft zum Problem, wenn ich an einen Tisch gehen und die Gäste nach ihren Wünschen fragen musste. Dabei fühlte ich mich, als ob ich auf einer Bühne auftreten müsste. Einerseits wurde ich streng erzogen, musste immer das brave, stille, folgsame Mädchen sein, doch plötzlich sollte ich selbstsicher und schlagfertig Fragen beantworten und die Wünsche der Gäste erfüllen. Obwohl ich mich manchmal gar nicht so wohl fühlte in meiner neuen Rolle, musste ich widerspruchslos alles erledigen, was von mir verlangt wurde. Einerseits sollte ich mich verhalten wie eine erwachsene Arbeitskraft, aber andererseits hieß es oft: „Das geht dich nichts an, was Erwachsene miteinander reden. Du bist noch zu jung, das verstehst du nicht." Dies bekam ich oft zu hören, wenn ich

Fragen stellte, die nicht Kind gerecht waren. Am Stammtisch wurde viel erzählt und gewitzelt. Mich in dieser Zeit vom rauen Umgangston der Stammtischbrüder fernzuhalten, war für meine Eltern genauso unmöglich, wie für mich nur das zu hören, was ich sollte. Es wurde ja auch oft über mich getuschelt und gelacht, erst recht, als ich Jahre später in die Pubertät kam und allmählich meine weiblichen Rundungen sichtbar wurden. So kam es, dass ich mir abgewöhnte nachzufragen, wodurch ich mir eine gewisse Verschlossenheit zulegte, die meinem Selbstbewusstsein noch mehr schadete. Unsanft wurde ich manchmal regelrecht ins Gastzimmer geschubst, wenn ich aus Schüchternheit nicht zu den Gästen wollte. Um mich nicht zu blamieren, spielte ich dann wohl oder übel meine unliebsame Rolle. Mit der Zeit gewöhnte ich mich an diese Tätigkeit und ließ mir nicht mehr alle Frechheiten von manchen Jugendlichen gefallen. So wurde ich dann das brauchbare Familienmitglied, das man sich vorgestellt hatte. Wahrscheinlich benötigte ich den einen oder anderen Schubs, als Kind wie auch im späteren Leben. Es dauerte lange, ich möchte fast sagen Jahre, bis ich selbst davon überzeugt gewesen bin, dass diese Arbeit doch die richtige für mich war. Allzu oft musste ich über meinen Schatten springen, um Gäste nach ihren Wünschen zu fragen. Doch mit der Zeit wurde meine Arbeit zur Routine, ich wurde schneller und bediente problemlos, sogar oft mit Freude fallweise hundert Mittagsgäste. Mein Fleiß wurde nicht selten mit sattem Trinkgeld belohnt, was mich natürlich zusätzlich anspornte.

Unsere zehn Gästezimmer mit Fließwasser waren während der ganzen Sommersaison fast immer ausgebucht. Familie Fröhlian, ein Ehepaar mit fast erwachsenen Kindern, verbrachte viele Jahre ihren Urlaub in unserem Gasthaus „Schaiten". Herr Fröhlian war Amtsrichter in Berlin, eine angesehene Persönlichkeit ohne dabei überheblich zu wirken, doch seine strenge „Amtsmiene" hatte er immer aufgesetzt. War aber ich manchmal mit ernster Miene in Gedanken versunken, dann sagte Herr Fröhlian: „Fünf Schilling für ein Lächeln". Dieser Ausspruch zauberte natürlich wieder ein Schmunzeln in mein Gesicht, obwohl man Herrn Richter selber nie so richtig lachen sah.

Manche Kinder von Urlaubsgästen, darunter auch einige fesche junge Burschen, wurden oft zu „harmlosen" Freunden.

Mit meinem ersparten Trinkgeld konnte ich mir manche Wünsche erfüllen, die mir lange Zeit Freude machten. Im Frühling des Jahres 1965 kauften Alfred und ich uns Rollschuhe. Der Winter war, wie üblich, lang, kalt und schneereich. Doch die ersten wärmenden Sonnenstrahlen, das fröhliche Vogelgezwitscher, das man in keiner anderen Jahreszeit so intensiv hörte wie im Frühling, und die ersten Leberblümchen ließen die trüben, kalten Wintertage schnell vergessen. So einfach wie ich es mir vorgestellt hatte, war das Fahren mit den neuen Rollschuhen dann aber doch nicht. Alles im Leben will gelernt sein. Mein Bruder war geschickter als ich. Er beherrschte den „Schlittschuhschritt" in Windeseile. In schnellem Tempo raste er bald die asphaltierte Zufahrtstraße zu unserem Gasthaus hin und her. Sein Renneifer war ansteckend, und bald sauste auch ich hinter ihm her. Wir veranstalteten Wettrennen und hatten trotz mancher Stürze großen Spaß dabei. Diese Rollschuhe hatten nichts mit den modernen Inline-Skatern von heute zu tun, sie besaßen je vier Rollen, die wie bei einem Auto zwei und zwei nebeneinander montiert waren, man konnte sie individuell verstellen und auf alle festen Schuhe schnallen. Durch diese Doppelstellung der Räder waren sie natürlich nicht so wendig wie moderne Rollschuhe, und man musste sich sehr bemühen, einen Bogen zu fahren. Lange Zeit war ich wirklich regelrecht süchtig nach dieser neuen Fortbewegungsart. Morgens meine Rollschuhe anzuschnallen, war genauso selbstverständlich, wie meine Kleider anzuziehen. Den ganzen Tag fuhr ich durch das Haus. Ich bediente die Gäste auf Rollschuhen, was als spaßige Einlage empfunden wurde. Ich ging sogar damit in den Keller, um

Wein oder Most zu holen. Jede Tätigkeit erledigte ich fahrender Weise. Diese Zeit zählte zu den schönsten meiner Kindheit.

Mit dem Ende des Sommers, dem Abreisen der letzten Feriengäste und dem Beginn des nächsten Schuljahres endete alljährlich auch wieder meine Tätigkeit als Serviererin. Die langen Schulferien waren dann vorbei. Ferien? Naja, Ferien vom Lernen, von der Schule, aber der Sommer war wie immer gleichbedeutend mit Arbeit gewesen. Als Kellnerin, aber auch bei allen Tätigkeiten in der Landwirtschaft, war ich Tag für Tag im Einsatz gewesen. Der Rechen war mein Werkzeug, und als ich älter wurde, dachte ich manchmal: „Wenn jeder Quadratmeter, den ich je gerecht habe, mir gehören würde, wäre ich eine reiche Person."

Kriegserinnerungen alter Kammeraden

Der Stammtisch, den die Stammgäste stets den Tischen im Gastzimmer vorzogen, stand bei uns in der Küche. Jeder der Stammgäste hatte seinen Platz, den er fallweise auch unmissverständlich verteidigte, besonders gegenüber Fremden, die natürlich diese „eingesessenen Rechte" nicht kannten. Die familiäre Atmosphäre in der Küche war für die Männer, die täglich ihre Bierchen tranken und uns mit ihrem „blauen Dunst" regelrecht einnebelten, der wichtigste Platz zum Kommunizieren, Diskutieren und Erinnerungen Austauschen. Nicht selten hatte ich das Gefühl, dass diese Männer den Wirtshaustisch mit ihrem Wohnzimmer verwechselten. Gesprächsthemen gab es immer genug, und wenn auch oft über jemanden aus der Runde gespottet oder gelacht wurde, ernsthaft beleidigt war selten einer. Der alte Wagner Karl Mitterhuber war treuer Gast in unserem Haus, und es gab kaum einen Abend, an dem er nicht mehr oder weniger beschwipst seinen Heimweg mit dem Fahrrad antrat. Meistens war es mehr eine Gehhilfe, als ein fahrbarer Untersatz. Sein Spruch, bevor er den Stammtisch verließ, war beinahe Tradition: „Ich bin der Karl Mitterhuber, mich gibt´s nur einmal in Grünau,

und diese böse Gifthütte betrete ich nie wieder", obwohl er jeden Nachmittag wieder erschien.
Der Zweite Weltkrieg war oft Gesprächsthema der alten Kriegsveteranen, und eine Erzählung habe ich mir bis zum heutigen Tage gemerkt. Mein Onkel, Friedl Stadler, wurde als Soldat während des Krieges mit vielen Auszeichnungen geehrt. Auf Grund seiner besonderen Verdienste ist er zum Feldwebel ernannt worden. Er konnte viel erzählen, von den Jahren an der Front in England, Russland und Frankreich. In England und auch in Frankreich geriet er für längere Zeit in Gefangenschaft. Irgendwann erzählte Onkel Friedl eine rührende Begebenheit, als er in Russland als Feldwebel den Befehl bekam, einen Punker zu stürmen und alle Insassen zu töten. Er gehorchte der Anweisung und drang mit schussbereitem Gewehr und noch einem weiteren Soldaten als Verstärkung in den Bunker ein. Nachdem er mit seinen schweren Armeestiefeln die alte Holztür des Bunkers aufgetreten hatte und in ängstliche, bittende Augen von Kindern, Frauen und alten Männern blickte, verließ ihn jedoch der zu dieser brutalen Handlung nötige Mut. Die beiden Krieger ließen ihre Waffen sinken und waren nicht fähig, einen Massenmord zu begehen, der mit ehrlichem Kampf absolut nichts zu tun hatte. Dann geschah etwas, das Hitler nie wissen durfte. Die eigentlichen

Kriegsgegner fielen sich um den Hals, die Russen weinten vor Dankbarkeit, und Onkel Friedl und sein Kamerad weinten vor Rührung.

Über den Krieg im Allgemeinen gab es am Stammtisch öfter Gesprächsstoff, es war dann aber meistens jemand dabei, der solche oft traumatischen Erlebnisse nicht hören wollte: „Der Krieg ist lang vorbei, hör auf mit dem Gerede." Vor allem diejenigen, die besonders schlimme Erinnerungen an die Kriegszeit hatten, wollten vergessen und nichts mehr davon hören.

Erste Liebe

Schon in frühester Jugend hatte ich meinen Mann fürs Leben gefunden. Herbert war ein hagerer Jüngling von neunzehn Jahren und von „Männlichkeit" noch weit entfernt, doch mit großen Idealen. Aber gerade seine schlanke Gestalt und sein lässiger Gang beeindruckten mich. Sein Vater war alleinverdienender Sägearbeiter, seine Mutter eine Seele von Mensch. Sieben Kinder hatte sie zu versorgen, ohne Fließwasser im Haus, und aus diesem Grund gab es natürlich auch keine Waschmaschine. Kübelweise musste das Wasser aus dem Grünaubach geholt werden, der bestimmt zweihundert Meter vom Haus entfernt war. Man kann sich auch vorstellen, wie mühsam und zeitaufwändig das samstägliche Bad gewesen ist. Auf dem Küchenofen wurde das Wasser gewärmt, die Badewanne geholt und nacheinander alle Familienmitglieder gebadet. Da hatte ich es in meinem Elternhaus schon komfortabler im Badezimmer mit beheizbarem Boiler.

Manchmal war mein Heimweg von der Schule ein prickelndes Erlebnis, nämlich an Tagen, an denen ich meinen „Prinzen" sah. Solche kurzen Begegnungen waren selten und rein zufällig, nämlich dann, wenn der MIBA-Werksbus meinen

Heimweg von der Schule kreuzte. Herbert grüßte dann freundlich aus dem Fenster und ich schwebte sogleich im siebten Himmel. Als fünfzehnjähriges Mädchen fühlte ich mich geschmeichelt, wenn ein junger Mann mir zulächelte. Herberts Schwester, Maria Anna, ging damals mit mir in dieselbe Klasse. Diese günstige Gelegenheit nützend, schrieben wir uns erste Briefchen, die Maria weiterreichte.

Freitags war unser Gasthaus Treffpunkt der sozialistischen Jugend. Als Kellnerin war ich oft bis spät nachts tätig. Während der kalten Jahreszeiten heizte ich den Holzofen des Gastzimmers und sorgte für ein gemütliches Raumklima. Unentwegt lief die Musikbox mit den neuesten Hits der Siebziger. Und wie sollte es anders sein – auch Herbert war Mitglied der SJ. Beim Tanzen gab es dann auch erste zarte Annäherungsversuche, und bald war ich seinem Charme und seiner Tanzkunst hoffnungslos erlegen. Manche Situationen waren natürlich für mich, unerfahrenes, naives Mädchen, das keine Ahnung von körperlicher Zweisamkeit hatte, nicht ungefährlich. Aber Herbert war ein Gentleman, der seine Grenzen kannte. Er hatte im Gegensatz zu mir schon einige Erfahrungen in Sachen Liebe gesammelt.

Eigentlich schwärmte ich mit vierzehn für Heinz. Er war ein Student aus Wien, der mit seiner

Familie viele lange Sommerurlaube in unserem Gasthaus verbrachte. In meinem Tagebuch spielte er die Hauptrolle. Im Service bemühte ich mich besonders um ihn und seine Familie. Sein Vater war sehr dominant, streng und kritisierte Heinz öfter als seine anderen beiden Söhne.

Von Sommer 1966 bis Sommer 1967, während ich auf meine platonische Liebe wartete, fühlte ich mich aber dann doch mehr und mehr zu Herbert hingezogen, zumal Heinz wahrscheinlich gar nichts von meiner Schwärmerei wusste.

Herbert konnte sehr gut tanzen und sein schelmisches Lächeln machte ihn für mich unwiderstehlich. Nach und nach verblassten die Erinnerungen an Heinz, und in meinem Tagebuch gab es dann nur noch Eintragungen über Herbert. Sehnsüchtig wartete ich die ganze lange Woche, bis endlich wieder Freitag war. Herbert hatte aber manchmal Nachtschicht in seiner Firma, sodass ich so manchen Freitag vergeblich auf sein Erscheinen wartete. Viele Monate war unsere gegenseitige Zuneigung sehr harmlos. Seine Wochenenden gestaltete Herbert für sich alleine. Er hatte viele Freunde in Wels, ging oft mit ihnen zum Bergsteigen oder ins Kino, und sonntags waren die örtlichen Fußballspiele seine Leidenschaft. Meine „Leine" wurde aber vom Elternhaus sehr kurz gehalten. Verständlich, ich war ja auch noch jung. Wenn ich mit meiner

Arbeit fertig war, durfte ich dann doch immer öfter schwimmen gehen. Nach meinem Schulabschluss 1967 warf ich meine Schultasche in die Ecke meines Zimmers, und dann konnte das „eigentliche Leben" beginnen.

Mein neuer Lebensabschnitt gestaltete sich aber anders als erwartet. Über meine Berufsausbildung brauchte ich mir keine Gedanken zu machen. Nach wie vor arbeitete ich zu Hause in der Landwirtschaft und im Gastbetrieb. Meine Eltern waren der Meinung, es gab genug für mich in unserem großen Haus zu tun. Was mich daran störte war, dass ich keine geregelte Freizeit hatte. Ab acht Uhr dreißig half ich im Stall mit, anschließend stand Küchenarbeit an, fallweise ging ich danach meiner Tante Mitzi zur Hand, wenn sie die Fremdenzimmer aufräumte, mittags hieß es Gäste bedienen und einiges mehr. Abends hatte ich erst dann frei, wenn ich zu Bett ging. Ruhige, gemütliche Fernsehabende gab es kaum, denn wenn Gäste kamen, musste ich zur Stelle sein. Dass Kinder damals schon in jungen Jahren im Betrieb mithelfen mussten, war ganz normal. So verbrachte ich meine gesamte Zeit stets zu Hause und war für meine Eltern jederzeit kontrollierbar. Nach beharrlichem Betteln bekam ich aber dann doch eines Tages im Spätherbst die Erlaubnis, mit Herbert ins Kino zu gehen. Meine Aufregung war kaum auszuhalten, weil noch dazu der Film, den wir sehen wollten, für Jugendliche unter sechzehn verboten war. Herbert holte mich zu Hause ab, wir spazierten zum Kino und hofften, dass kein Polizist vor der Tür stand. Das Jugendschutzgesetz wurde strikt eingehalten, sodass jeder Jugendliche, der das erforderliche Alter noch nicht erreicht hatte, erbarmungslos wieder heimgeschickt wurde. Die Spannung stieg, als wir den Kinosaal betreten wollten, denn mir fehlten noch einige Monate zu meinem sechzehnten Geburtstag. „Na, wie alt sind wir denn?", fragte der Uniformierte, der den Eingang des Saals mit strenger Miene bewachte. Mit Engelszungen redete Herbert auf den Mann ein, doch es half nichts, wir wurden weggeschickt. Langsamen Schrittes und ziemlich sauer gingen wir also heimwärts, durch einen kleinen Wald, und ausgerechnet an der Stelle, wo Jahre später der Weg zu unserem Haus führen sollte, küssten wir uns zum ersten Mal. Eine stürmische, gefühlvolle Zeit begann. Mit der Liebe wuchs aber dann auch die gegenseitige Eifersucht. Dass ich auch andere junge Männer bediente, die manchmal frech und aufdringlich wurden, war für Herbert unerträglich. Die Eifersucht nagte aber auch an mir, wenn Herbert manchmal mit anderen Mädchen tanzte.

Die Einberufung zum Bundesheer, die Herbert Wochen später bekam, war eine weitere Belastungsprobe für unsere junge Liebe. Während der sechs Wochen Grundausbildung durfte er nie nach Hause, dann jedes zweite und später jedes Wochenende. Täglich wartete ich sehnsüchtig auf Post aus der Kaserne. Nie zuvor war mir der Briefträger so wichtig gewesen.

„Um Gottes Willen, ich habe verschlafen!", erschrak ich, als ich eines Morgens einen Blick auf meinen Wecker warf. „Viertel vor neun, ich sollte längst meinem Vater im Stall helfen." In Windeseile sprang ich aus dem Bett, schlüpfte in meine alten Kleider und lief über den Hof in den Stall. Mein schlechtes Gewissen machte mich momentan hellwach, obwohl ich nur sehr wenig geschlafen hatte. Herbert war die Nacht über bei mir und verließ mich über Schleichwegen heimlich im ersten Morgengrauen. Er war der reinste Fassadenkletterer. Um in mein Zimmer im ersten Stock zu gelangen, brauchte er keine Leiter. Mein altes Elternhaus war noch mit „Winterfenstern" ausgestattet. Jedes Fenster hatte zwei Flügelpaare, Innenflügel und Außenflügel. Letztere hing man während der Winterzeit auf einfachen Scharnieren an die Außenmauer. So ein Scharnier war Herberts „Rettungsanker". Er hatte sich aus Draht eine lange Schlinge gebogen, die er in das Scharnier einhängte, und daran hat er sich hochgezogen. Das Schlafzimmer meiner Eltern lag unmittelbar neben meinem, daher vermute ich, dass so manches nächtliche „fensterln" von ihnen gehört wurde, doch nie wurde ich deswegen zur Rede gestellt.

Um meiner Pflicht im Stall schleunigst nachzukommen, öffnete ich die Stalltür, trat ein und schon knallte es. Ehe ich mich entschuldigen konnte, bekam ich eine Ohrfeige. Schuldbewusst und stillschweigend ging ich an meine Arbeit. Das war das letzte Mal, dass Papa mich auf diese Weise gezüchtigt hatte.

Nicht nur Herberts, sondern auch mein Leben hatte sich Monate später grundlegend verändert. Da ich zu Hause für meine Arbeit nur sehr wenig Lohn bekam und Meinungsverschiedenheiten sich häuften, fing ich in der Herrenkleiderfabrik „Allwerk" in Gmunden als Näherin an. Ich hatte aber große Mühe, mein vorgeschriebenes Quantum am Fließband zu erreichen. Zwei Monate später konnte ich dann im Verkauf beginnen und kam danach in den Genuss eines Angestellten-Verhältnisses. Kunden zu bedienen war die Arbeit, die mir gefiel. Ich konnte dann oft selbstständig arbeiten und Lieferungen für Großkunden vorbereiten. An zwei Wochentagen öffneten wir abends für den Privatverkauf. Das waren lange Arbeitstage, an denen ich erst mit dem Spätbus um neunzehn Uhr dreißig nach Hause kam. Meinen Eltern hatte ich versprochen, dass ich während der Sommersaison wieder im Gasthaus mithelfen würde. So einfach wie ich mir das vorgestellt hatte, unbezahlten Urlaub zu nehmen, war das aber nicht. Ich musste mehrmals mit Engelszungen auf meinen Vorgesetzten einreden und um den langen Urlaub bitten. Eines Tages wurde mein Wunsch doch erfüllt, und ich bekam nach meinem gesetzlichen Urlaub noch frei bis Ende August, mit der Bedingung, dass diese Kulanz nur einmal gewährt wurde. Nachdem Herbert seine neun Monate beim Heer gedient hatte, begann auch für ihn wieder ein geregelter Arbeitsalltag. Da wir große Pläne für die Zukunft hatten, sparten wir jeden Schilling. Mittlerweile wurde aus unserer anfänglichen Jugendliebe eine handfeste Beziehung, und wir waren uns beide sicher, dass wir den Partner fürs Leben gefunden hatten.

Uromas Besuche

Die langen Winterabende in meiner Schulzeit, die wir damals noch ohne Fernsehgerät verbrachten, habe ich in besonders schöner Erinnerung. Wintertourismus gab es damals noch sehr wenig. Hauptsächlich ältere Ehepaare, die der tristen, grauen Jahreszeit in der Stadt entfliehen wollten, kamen manchmal für ein paar Wochen in unser Gasthaus. Die langen, kalten Abende vertrieb man sich mit handarbeiten, Karten spielen, Radio hören und Tee trinken in der warmen Stube. Obwohl ich den Winter nie besonders mochte, freute ich mich aber doch über den Schnee, die Weihnachtszeit und auch darüber, dass unsere Uroma aus Deutschland zu Besuch kam. Diese Reise mit dem Zug von Biberach bis Grünau war jedes Mal eine große Strapaze für unsere betagte Uroma, denn sie war stets voll bepackt mit großen Säcken und Bündeln. Zweimal musste sie umsteigen und die großen Gepäckstücke von einem Zugwaggon in einen anderen schleppen. Viele Geschenke hatte sie uns mitgebracht, die sie mühevoll in ihren weiten Röcken und Unterröcken versteckt und mit Schnüren x-Mal verknotet hatte. Die Zollbeamten machten sich nie die Mühe diese vielen Knoten aufzulösen. So kam Uroma immer ohne Schwierigkeiten, und ohne Zoll zu zahlen, über die Grenze. Ihre „Schmuggelware" war allerdings harmlos, weil es sich ja nur um Geschenke handelte, keine Spirituosen oder Zigaretten, und schon gar kein Suchtgift. Ja, sie war schon eine clevere alte Dame, die ich Zeit ihres Lebens nur als alte Frau kannte, was zweifellos an ihrer Kleidung lag. Vier bis fünf gezogene, weite Röcke trug sie stets übereinander, und ihr dunkles Kopftuch, das sie nie in der Öffentlichkeit abnahm, ließ sie bestimmt älter erscheinen als sie war. Jedes Mal, wenn wir Uroma vom Bahnhof abholten, wussten wir, dass sie für uns alle wieder Geschenke dabei hatte, die wir aber schon vor dem Weihnachtsfest bekamen. Sie konnte sehr schön und mit viel Geduld handarbeiten, umhäkelte unzählige Taschentücher mit zarter Spitze und bestickte so viele verschiedene Tischtücher und Zierpolster, dass sie meine Mutter, mich und sogar meine Brüder damit beschenkte. Diese Gegenstände haben noch über viele Generationen Freude bereitet und werden uns immer an sie erinnern. Viele Handarbeiten verkaufte sie auch direkt vor ihrer Haustür auf der Gasse und erwarb um das verdiente Geld Schmuckstücke, die sie dann Mama und mir schenkte. Häkeln und sticken war ihre Art sich die Zeit zu vertreiben, denn sie lebte allein in ihrer alten Wohnung in Biberach. Deshalb blieb sie auch gerne den Winter über bei uns im Gasthaus, denn da ging es immer zu „wie im Taubenschlag", und es gab keine Langeweile. Uroma war sehr fleißig, nicht besonders schnell, aber sie arbeitete unermüdlich den ganzen Tag. Nach Einbruch der Dunkelheit kam für mich die gemütlichste und schönste Tageszeit. Wir tranken Tee und spielten Rommé, nachdem ich meine Hausaufgaben fertig geschrieben hatte. Meine Oma väterlicherseits half mir oft dabei. Sie war sehr klug und konnte meine schulischen Fragen, vor allem in der Rechtschreibung, immer beantworten. Oma war meine zweite Mama, weckte mich jeden Morgen auf, machte mir Frühstück und achtete darauf, dass ich rechtzeitig in die Schule kam. Leicht hatte sie es nicht mit mir, musste mich oft zweimal wecken, denn morgens aufzustehen war immer eine große Überwindung für mich. Besonders im Winter, wenn in meinem Zimmer vor Kälte die Eiskristalle an den Wänden glitzerten, das Bett hingegen kuschelig warm war.

Oma, Uroma und ich waren die so richtig leidenschaftlichen, ja beinahe schon süchtigen Spielerinnen in der Familie. Und obwohl es nie um Geld ging – Oma sagte immer „Wir spielen um den Kaiser seinen Bart" – ist es manchmal „heiß" her gegangen. Allerdings schwindelte Uroma beim Zählen der Schlechtpunkte so manches Mal, was Oma gar nicht leiden konnte.

Ich war da stets die Gelassene, mir machte das verlieren nichts aus. Ich mischte mich aber auch nicht ein, wenn die beiden zankten. Es kam sogar manchmal vor, dass Oma nicht mehr spielen wollte und ihre Karten energisch auf den Tisch warf. Mit der Gemütlichkeit war es dann vorbei, aber am nächsten Abend war wieder alles vergessen und die „Spielsucht" siegte.

In unserem Gasthaus wurde jährlich Anfang November eine Party veranstaltet, die sehr arbeitsintensiv war. Hauptsächlich Gäste aus Grünau und Scharnstein kamen zu diesem traditionellen Schlachtfest, bei dem sich alle auf die hausgemachten Würstel, den Schweinsbraten, Entenbraten, Bauernschmaus und das Beuschel, sowie selbst hergestellten Torten, freuten. Viele Gäste nahmen wegen der erschwinglichen Preise auch noch für den nächsten Tag Essen und Torte mit nach Hause. Einmal im Jahr konnte man sich schon etwas Gutes gönnen, zumal es damals nicht üblich war, öfter mal ins Gasthaus essen zu gehen. Nur an diesen Tagen war es für die Gäste auch möglich, ganztägig warme Speisen zu bekommen. Alle vier Schwestern meines Vaters halfen mit, die vielen Vorbereitungsarbeiten zu bewältigen. Schweine wurden geschlachtet, Würste gemacht, auch Enten und Hühner mussten ihr Leben lassen, wurden gerupft und ausgenommen, sowie zehn bis vierzehn Torten gebacken, gefüllt und verziert. Natürlich stand auch Uroma hilfreich zur Seite. Sie beherrschte ausgezeichnet das Enten rupfen und die Hühner bratfertig vorzubereiten. Aus Entenblut und Zwiebel kochte sie ihr eigenes Gericht, das aber sonst niemand kosten wollte. Dieses eigenartige Rezept kannte sie aus ihrer jugoslawischen Heimat, in der alles verwertet wurde, was die Natur hergab. Omas Aufgabe war unter anderem das Kochen und Auslösen der Schweineköpfe, was sie sehr gerne übernahm, weil sie bei dieser Gelegenheit Fleisch naschen konnte, bis ihr schlecht wurde. Das Fleisch kam in die Leberwürste, Blutwürste und in die Sülze. Auch die Schweinedärme, die natürlich vorher sorgfältig geputzt und mehrmals gewaschen werden mussten, fanden Verwendung, nämlich für Blut- und Leberwürste. Wenn ich nachmittags von der Schule nach Hause kam, und mich empfing manch übler Geruch von gekochtem Beuschel, Geflügelinnereien und Schweineköpfen aus der Küche, wäre ich am liebsten gleich wieder hinausgestürmt. Doch auf mich warteten ebenfalls Aufgaben wie Holz in die Küche bringen, Tortenteig mixen, beim Enten rupfen mithelfen, Servietten falten, im Service arbeiten und vieles mehr.

Wenn dann die Weihnachtszeit näher rückte, mit Kekse backen und Geheimniskrämereien, wurde die Freude auf das Christkind täglich größer. Zu schön und spannend war der Heilige Abend. Mit allen Tanten und Onkeln, Cousinen und Cousins feierten wir Weihnachten. Oma kam mit unglaublich vielen Päckchen, gestapelt in Wäschekörben, zur Tür herein. Im Gastzimmer standen die Tische zu einer langen Tafel zusammen, die bald mit belegten Brötchen, Getränken und Keksen überfüllt war. Bei Gesang und Witze erzählen waren dann bald alle Unstimmigkeiten, die es zwangsläufig in unserer Großfamilie manchmal gegeben hat, im Nu vergessen. Mama machte in der Adventzeit immer verschiedene, köstliche Liköre. Die diversen Geschmacksessenzen dafür bekam man früher in jedem Lebensmittelladen. Ein kleines Fläschchen Eierlikör mit viel Milch verdünnt, machte Mama für mich alleine, wovon ich am Heiligen Abend ein paar Gläschen trinken durfte. Als ich meinen Eierlikör aus meinem Zimmer holte und zur Tür hereinkam, lachten alle über mich, worüber ich mich furchtbar geschämt habe. Aber der Abend war trotzdem schön, lang und lustig.

Einmal erhielten wir zu Weihnachten ein großes Paket aus Amerika von unseren Tanten und Onkeln, den Geschwistern meiner Mutter, sowie von unserem Opa aus Chicago. Diese Geschenke waren sensationell. Ich bekam eine wunderschöne, große Puppe mit rotem Seidenkleid und Reifrock, Pantoffeln mit hohen Absätzen, einem Krönchen und Schmuck. Das war die schönste Puppe, die ich je gesehen hatte. Damals gab es große mollige Zierpuppen aus Italien, mit rundem Gesicht, dicken Beinen und Armen. Meine Puppe aber hatte sehr lange, schlanke Beine, einen zierlichen Körper und ein schönes, schmales, Gesicht. Sie war eines der schönsten Geschenke meiner Kindheit. Mein Bruder Alfred bekam ein großes, rotes Metallauto mit Anhänger und Rennwagen. Eine riesige Überraschung, auch für die Erwachsenen, waren zwei Puzzlebilder mit je tausend Teilen, die eine absolute Neuheit darstellten und in Österreich erst viele Jahre später bekannt wurden. Das erste Bild, das wir versuchten zusammenzubauen, war ein Strand mit blauem Meer, blauem Himmel, Sandstrand und zwei Personen in weiter Ferne. Es war faszinierend, spannend und ungemein schwierig. Im Laufe des Heiligen Abends beschäftigte sich jeder abwechselnd mit diesem Bild, ob jung oder alt, alle waren begeistert.

Uroma oder „Deutschland-Oma", wie wir sie meistens genannt haben, lebte manchmal bis zum Frühling bei uns im Gasthaus. Sobald die Witterung es zuließ, widmete sie sich ihrer Passion und war nur mehr im Garten beschäftigt. Sie half Mama beim Umstechen des Bodens, beim Pflanzen und hatte immer wichtige Tipps für gutes Wachstum auf Lager. Den ganzen Tag konnte sie in gebückter Haltung ihrer Lieblingsbeschäftigung nachgehen, ohne dabei über Rückenschmerzen zu klagen.

Mama redete Uroma Zeit ihres Lebens „per Sie" oder in dritter Person an, was uns Kindern sehr eigenartig erschien. Doch jeder Wunsch, den meine Mutter äußerte, wurde von ihrer Oma, soweit es ihr möglich war, erfüllt. Ich weiß noch als Mama sagte: „Oma, Ihr habt aber eine schöne Goldkette um den Hals." Sofort nahm Uroma ihre Kette ab und schenkte sie ihr. Dass die beiden ein sehr inniges Verhältnis zueinander hatten, ist verständlich, denn als die Familien damals noch in Jugoslawien beheimatet war, lebte Mama als Kind für längere Zeit bei ihrer Oma, die sie immer schon verwöhnt hatte.

Sonntag abends las Uroma in der Bibel. Sie setzte sich auf die Holztruhe neben dem Küchenherd und versank förmlich im Gebet. Es gab für sie kein Schlafen ohne Abendgebet und keine Mahlzeit ohne Tischgebet. „Ich bete für euch alle", sagte sie, wenn sie wegen ihrer Andacht manchmal belächelt wurde. Ich genoss die gemütlichen Abende mit ihr. Sie war sehr klug, konnte vier Sprachen (Ungarisch, Serbisch, Kroatisch) und natürlich Deutsch mit charmantem, witzigem Schwabendialekt, worüber wir uns oft amüsierten.

Auch den Winter 1960 verbrachte Uroma in unserer Mitte und konnte die Geburt ihres dritten Urenkels miterleben. Am 10. Dezember kam mein Bruder Helmut zur Welt. Er war ein hübsches, kleines Baby, da man einfach liebhaben musste. „Der kann net leba, der muss sterba", sagte Uroma sehr traurig, weil ihr der Kleine zu schwach erschien. Ihre Bemerkung wurde aber schnell entschuldigt, denn lange hatte sie kein Neugeborenes mehr gesehen. Helmut war ein liebes Kind, für den aber kaum jemand Zeit hatte, und so wurde oft mir die Versorgung meines Bruders aufgetragen. Mit Stolz und Freude schob ich den Kinderwagen durch den Hof, dennoch bin ich mit meinen damals acht, neun Jahren mit der Rolle als Kindermädchen oft überfordert gewesen.

Helmut musste oft alleine spielen, und doch ist er es gewesen, der dann später den elterlichen Betrieb übernommen hat.

Wenn „Deutschland-Oma" manchmal einige Monate bei uns zu Besuch war, kam es schon vor, dass sie Heimweh bekam und sich wieder nach etwas mehr Ruhe sehnte. Dann dauerte es nicht mehr lange, bis sie ihre Sachen packte und sich von uns verabschiedete.

Hochzeit

Wir waren beide noch sehr jung, viel zu jung, meinten unsere Eltern, Verwandten und alle anderen, die es besser wussten als wir. Ich war achtzehn, Herbert zweiundzwanzig. Unsere Gedanken und Pläne für die Zukunft waren aber sehr konkret und erwachsen. Herbert schlief seit einigen Monaten offiziell bei mir und lebte in meiner Großfamilie. Er bemühte sich nach besten Kräften zu beweisen, dass er überall „zupacken" konnte. Während den Wochenenden und nach Feierabend half er Papa im Stall, auf den Wiesen und bei vielen anderen notwendigen Arbeiten. Mein Auserwählter war nicht gerade der Wunschschwiegersohn meiner Eltern. Sie hielten ihn für nicht standesgemäß, zumindest ein Geschäftsmann sollte er schon sein. Auch von Verwandten hörten wir böse Sprüche: „Was will sie von dem, der hat doch nichts." Vor allem in politischer Hinsicht war mein Bräutigam der krasse Gegensatz zur Gesinnung meiner Familie, was leider Gottes zwangsläufig relativ oft zu Meinungsverschiedenheiten führte. Ich verhielt mich immer sehr neutral, war aber oft nahe daran, die Hitzköpfe zurecht zu weisen. Politik interessierte mich sowieso nie, aber ich stand stets zwischen den „Fronten" und musste doch oft die erhitzten Gemüter beschwichtigen. Irgendwann hatten sich meine Eltern damit abgefunden, dass ich keinen anderen Mann heiraten wollte. Meine Meinung war immer: „Durch Fleiß kann man vieles erreichen", was wir später auch vielen Zweiflern bewiesen haben.

In Sachen Familienplanung war der Anfang schon gemacht, und das tatsächlich nicht ganz ohne Hintergedanken. Als wir mit all unseren Tanten und Onkeln väterlicherseits Weihnachten feierten, erzählte ich von meiner Schwangerschaft. Zuerst gab es betroffene Gesichter, doch unter solchen Umständen war gegen unsere Hochzeit nichts mehr einzuwenden, denn ein uneheliches Kind wäre zur damaligen Zeit für die Familie doch eine Schande gewesen.

Dann ging es Schlag auf Schlag. Als Mitgift bekam ich einen Baugrund aus dem Familienbesitz, den ich mir aussuchen durfte. Dann planten wir unser zukünftiges Haus, skizzierten und grübelten. Der hiesige Baumeister zeichnete den Einreichplan, und nachdem auch noch der Holzauszug fertig war, schnitt Herbert mit seinen Brüdern das Bauholz. Unser Baugrund war ein Waldstück, dessen Fichten wir zusätzlich als Baumaterial verwenden konnten. Viele tüchtige Hände haben mitgeholfen unseren Traum vom Eigenheim zu verwirklichen. Herberts Brüder und seine Eltern waren unsere hilfreichen Engel; jederzeit zur Stelle und unermüdlich bei der Arbeit. Für Herbert begann eine sehr schwere, arbeitsintensive Zeit. Nach seiner Arbeit in der Firma schuftete er am Bau und oft auch noch in der Landwirtschaft. Neben Hochzeitsvorbereitungen und Beruf arbeitete ich natürlich auch als Baufrau und stand dabei unzählige Male an der Mischmaschine. Es gab damals noch keinen Fertigbeton, und das Fundament hatten wir selbst gegraben. Schon allein aus finanziellen Gründen war unser Haus „echte Handarbeit".

Um das Brautkleid zu kaufen, fuhr Mama mit mir nach Wels. Schon im ersten Laden, im Textilgeschäft Mühlberger, fand ich das Kleid, das mir gefiel und das auch meinem finanziellen Rahmen entsprach. Mein Monatslohn damals im Allwerk betrug 2.400,- Schilling und das Kleid kostete 850,-. Um eine perfekte Braut zu sein, brauchte ich ja auch noch Schleier, Handschuhe, ein Täschchen, eine herrliche Schleppe und auch wunderschöne weiße, glänzende Schuhe, die ich im Schuhhaus Jedermann fand und die mir auf Anhieb gefallen haben. Ein weißes Pelzjäckchen aus Lammfell bekam ich leihweise beim Pelze Peter. Herberts Hochzeitsanzug, einen eleganten, anthrazitfarbenen Nadelstreif, besorgte ich natürlich im Allwerk.

Seinerzeit war es üblich, am frühen Vormittag standesamtlich und anschließend kirchlich zu

heiraten. Die Hochzeitsgäste waren den ganzen Tag über mit dabei und wurden natürlich kulinarisch versorgt und unterhalten.
Samstag, der 4. 4. 1970, war also unser großer Tag. Unvergesslich schön sollte er sein. Die Aufregung stieg schon am frühen Morgen: erster Termin beim Friseur. Aber was war geschehen? Der noch verschlafene Blick aus dem Fenster war eine herbe Enttäuschung. In der Nacht hatte es heftig geschneit. Ausgerechnet an meinem Hochzeitstag herrschte tiefster Winter. Zum Glück hatte ich vorsichtshalber auch das weiße Pelzjäckchen besorgt, aber meine Schuhe waren doch nicht für winterliche Verhältnisse geeignet und erst recht nicht das dünne Kleid. „Was soll`s", dachte ich, das war nun einmal unser Hochzeitstag, keine Zeit lange nachzudenken, denn der Friseurtermin drängte. Mama fuhr mich mit dem Karavan. Die Straßenverhältnisse waren so katastrophal, dass in der Kurve im Ort der Wagen ins Rutschen kam, sich nicht mehr auslenken ließ und schließlich an die Hausmauer des Gasthauses Schiefermair prallte. Mit etwas Verspätung kamen wir doch noch zum Friseur und wurden glücklicherweise rechtzeitig fertig. Der nächtliche Schneefall hatte unsere Pläne für den Nachmittag total durcheinander gebracht. Nach dem Mittagessen wollten wir mit unseren Hochzeitsgästen einen Ausflug zum Langbathsee

machen, an dem im dortigen Gasthaus die Nachmittagsjause bestellt war. Weil wir aber wegen der schlechten Witterungsverhältnisse Angst hatten zu fahren, wollten wir den Ausflug absagen. Nach längerem hin und her rief meine Tante im Gasthaus an, um die Jause abzubestellen. Am anderen Ende der Leitung hieß es aber, dass eine Absage nicht mehr möglich wäre. Also mussten wir doch unseren Ausflug zum Langbathsee machen.

Mit dem ankleiden war ich schnell fertig und bereit für meinen großen Tag. Aber meine Figur war nicht mehr dieselbe, wie vor einigen Monaten, als ich das Kleid gekauft hatte. Mein Schwangerschaftsbäuchlein ließ sich unter dem schmal geschnittenen Kleid nicht mehr verstecken, sodass es für den Hochzeitstermin höchste Zeit war. Langsamen Schrittes ging ich die Treppe hinunter, Herbert kam mir mit leuchtenden Augen entgegen und überreichte mir nach einem Küsschen die Morgengabe, ein Goldkettchen mit einem wunderschön glitzernden Marienanhänger, und den Brautstrauß mit roten Rosen. Als er mir das Kettchen um den Hals legte, flüsterte er mir ins Ohr: „Du bist wunderschön." Dann, schön langsam, trafen alle Hochzeitsgäste ein, letzte Fotos als „ledige" Braut wurden von mir gemacht, und nach einem kleinen Imbiss fuhren wir geschlossen zum Standesamt.

So im „Rampenlicht" zu stehen war nicht unsere Welt, und ich hatte das Gefühl, dass jeder bemerkte, wie aufgeregt ich war. Im Bemühen um Ruhe und Gelassenheit ließ ich die Zeremonie über mich ergehen und war froh, dass sie relativ schnell von statten ging. Ganz anders, mit viel Aufregung, verlief die kirchliche Trauung. Herbert und ich mussten nämlich als erstes Paar des Ortes den ganzen Schwur von Liebe und Treue selber aufsagen. Im Gedanken murmelte ich immer wieder den Treueschwur vor mich hin um eine Blamage in aller Öffentlichkeit zu vermeiden, während wir im Konvoi zur Kirche fuhren. Längst konnte ich den Spruch natürlich auswendig, aber vor vielen Leuten etwas aufzusagen, war überhaupt nicht mein Ding. Doch als ich loslegte, stellte ich fest, dass meine Nervosität nicht nötig gewesen war. Auch Herbert hatte brav gelernt und seine Sache gut gemacht. Dann geschah etwas Unglaubliches. Während wir uns die Ringe ansteckten, mit den Worten „Nimm diesen Ring, zum Zeichen meiner Liebe und Treue", schien plötzlich die Sonne durch die hohen Kirchenfenster, direkt auf uns. Nach dem trüben, verschneiten Vormittag, war das für uns ein Zeichen, direkt vom Himmel. Nun waren wir ganz offiziell ein Ehepaar. Langsamen Schrittes ging ich mit meinem Ehemann aus der Kirche. Vor dem Tor warteten schon die Gratulanten mit

Glückwünschen, Küssen und Freudentränen. Meine beiden kleinen Cousinen, die meine Schleppe trugen, waren ihres Amtes enthoben, und schon drängte der nächste Termin mit dem Fotografen. Die Hochzeitsfeier wurde im eigenen Gasthaus gefeiert. Einige meiner Tanten hatten sich bereit erklärt, für die Hochzeitsgäste ein Drei-Gänge-Menü zu kochen. Es war ungewohnt, mich bedienen zu lassen, aber an meinem Ehrentag konnte ich schlecht selber tätig sein. Das Essen schmeckte hervorragend. Zum Nachtisch gab es eine dreistöckige Hochzeitstorte, die Mama selber gebacken hatte. Auf dem Gabentisch häuften sich die Geschenke. Für unseren zukünftigen gemeinsamen Haushalt war jedes Elektrogerät und andere Artikel für den täglichen Gebrauch nützlich und hilfreich. Nach dem köstlichen Mahl machten wir uns also mit der gesamten Hochzeitsgesellschaft auf den Weg zum Langbatsee. Herrlicher Sonnenschein bescherte uns doch noch einen wunderbaren Ehrentag, zumindest was das Wetter betraf.

Wie wir dann allerdings im Gasthaus unseres Ausflugszieles empfangen wurden, sollte ich nie mehr vergessen. Man führte uns in einen kleinen Raum, der weder schön gedeckt, noch sonst irgendwie liebevoll geschmückt gewesen war. Es wurde auch gleich betont, dass wir nach dem Essen wo anders Platz nehmen müssten, weil dieser Raum für die Eisstockschützen reserviert wäre. Ich kann mich auch nicht erinnern, dass uns irgendjemand von der Bedienung oder der Gastwirte gratuliert hätte. Und obwohl – wie schon erwähnt – eine Absage nicht mehr möglich gewesen ist, weil angeblich schon alles vorbereitet war, mussten wir auf die Jause sehr lange warten. Nach dem Essen fügten wir uns also der Aufforderung, den Raum zu verlassen, und gingen in einen anderen Saal, in dem eine Musikkapelle spielte. Eine Kellnerin kam, aber anstatt uns zu bedienen wurden wortlos die Tischdecken weggenommen und die Kapelle aufgefordert, nicht mehr zu spielen. Diese verachtenden Gesten kamen einem Rausschmiss gleich, was wir auch so zu deuten wussten. Alle waren wütend und entsetzt. Elfriede, meine Cousine, die selber Gastwirtin war, ging in die Küche und beschwerte sich über dieses feindselige Verhalten gegenüber unserer Hochzeitsgesellschaft. Verärgert sagte sie noch, dass sie dieses Haus nie wieder betreten würde, dem wir uns alle angeschlossen hatten. Obwohl nach mittlerweile vierzig Jahren bestimmt schon fähigere Gastwirte diesen Betrieb führen, werde ich diese Gaststätte für immer meiden. Dieser ärgerliche Vorfall an meinem Hochzeitstag, der ja eigentlich der schönste Tag meines Lebens sein sollte, bleibt mir als schwarzer Schatten ewig in böser Erinnerung.

Zur Abendunterhaltung ging es wieder nach Hause. Um für gute Stimmung zu sorgen, schaltete Mama die Musikbox ein. Traditionell eröffneten Herbert und ich den Tanz mit einem Walzer, der Wein floss in Strömen und wir hatten Spaß bis in die Morgenstunden. Alle unterhielten sich prächtig, aber dann und wann kam das Thema Langbathsee wieder zur Sprache. Vergessen würde diese hässliche Episode wohl niemand unserer Hochzeitsgesellschaft.

Freudiges Ereignis

Das größte Ereignis dieses Jahres 1970 war aber die Geburt unseres ersten Kindes. Meine Schwangerschaft machte mir keine nennenswerten Probleme. Ich möchte fast sagen, ich genoss diese Zeit und fand mich sogar sehr schön als schwangere Frau. Bis einige Wochen vor der Geburt war ich noch im Service tätig, genau so lange, bis ein Gast eine sehr dumme Bemerkung machte: „Ich glaube, sie bringen einen Esel zur Welt, wenn sie weiterhin so schwer tragen." Darüber war ich dermaßen entsetzt, dass ich ab diesem Tag nur mehr in der Küche arbeitete. Meine Aushilfe in der Bedienung war dann mein Cousin Herbert. Es war Montag, der 11. August, der genaue Stichtag meiner Entbindung, als meine Mutter ihren Wocheneinkauf in Wels zu erledigen hatte. Schon seit dem frühen Morgen spürte ich ein eigenartiges Ziehen in Bauch und Rücken. Meine Unpässlichkeit blieb nicht unbemerkt, deshalb fragte mich Mama, ob ich gleich nach Wels mitfahren wollte. Bis zum Nachmittag spürte ich dann schon erste, leichte Wehen und nahm deshalb das Angebot an. „Willst du noch mitkommen zum Einkauf?", wollte Mama wissen, als wir in Wels angekommen waren. „Fahr mich bitte lieber gleich in die Klinik, ich glaube es geht wirklich bald los", antwortete ich in weiser Voraussicht. Die Wehen wurden heftiger und die schmerzfreien Abstände kürzer, als ich im Kreiszimmer auf und abging. Wie eine Entbindung abläuft, brauche ich nicht weiter zu erläutern. Jedenfalls verlief sie zufriedenstellend, und die Ärzte sagten, ich sei eine sehr tapfere Erstgebärende. Während meiner größten Schmerzen dachte ich an zu Hause, an Grünau und daran, dass niemand wusste, wie es mir ging und alle ihren normalen Tagesablauf erlebten. Dann kam der große Moment, unser Sohn Peter erblickte das Licht der Welt. Die Freude war riesengroß und Herbert stolz über unseren Stammhalter. Es war in unserer jugendlichen Gutgläubigkeit auch selbstverständlich, dass unser Baby gesund zur Welt kam. Die Zeit wurde mir lang in der Klinik, und als es dann hieß, ich müsste noch einen Tag länger bleiben als vorher versprochen, empfand ich das als mittlere Katastrophe. Schluchzend erzählte ich meinem Mann am Telefon von der Tragik. Doch auch diese letzte Nacht verging letztendlich. Lautstark verabschiedete sich mein Kleiner von der Klinik. Um unseren kleinen Schreihals zu beruhigen, besorgten wir gleich in Wels einen Schnuller. Ich freute mich riesig auf mein Zuhause und vor allem darauf, allen Skeptikern in unserer Großfamilie zu beweisen, dass ich trotz meines jugendlichen Alters im Stande war, eine gute Mutter zu sein.

Unser Sohn brachte die Wende in unseren Alltag und machte aus dem Ehe- ein Familienleben. Im Nachhinein muss ich aber gestehen, dass die Versorgung meines Babys oft mehr Pflicht als Freude war – vorbei mit erholsamer Nachtruhe und aus mit eigenen Plänen. Mein lieber Sohn bestimmte den Tagesablauf. Soweit es mir möglich war, half ich natürlich auch wieder im Betrieb mit. Es war sehr schwierig Peter neben den rauchenden Stammgästen in der Küche zu baden. Doch dieser war der einzige Raum, den man sehr gut beheizen konnte. Ständig ging die Tür auf und zu, wenn einer der Gäste auf die Toilette musste, jemand anderer kam oder nach Hause ging. Also hatte ich mich immer sehr zu beeilen, dass meinem Kleinen nicht kalt wurde. Oft war ich gestresst und deshalb froh, wenn mein Baby friedlich im Bettchen lag. Peter bekam schon einige Wochen nach der Geburt eine Schuppenflechte, die uns oft Sorgen bereitete, aber sonst entwickelte er sich prächtig.

Als dann der Sommer zu Ende ging und der Herbst ins Land zog, war auch der Rohbau unseres Hauses fertig. Ich bemühte mich, sooft es ging, auch am Bau mitzuhelfen. Doch bis zum Einzug war noch vieles zu schaffen. Mein Schwiegervater amüsierte uns mit dem Ausspruch:

„Das wenigste hätten wir, jetzt kommt nur noch das meiste dran."
Oktober 1970: Wir feierten Peters Taufe. Mein Cousin, Gottfried Stadler, war Taufpate. Einige Tage zuvor kam Herbert aus dem Krankenhaus der barmherzigen Schwestern aus Linz. Er hatte seine zweite Hüftoperation hinter sich und musste einen Leibgips tragen, der ihm das Gehen schwer machte. Seine sogenannte „Schnellende Hüfte" hatte die Operationen notwendig gemacht. Ein Jahr zuvor musste bereits seine linke Hüfte operiert werden.
Peter war ein sehr liebes, hübsches Kleinkind geworden, mit blauen Augen und blonden Locken. Nach besten Kräften bemühte ich mich, neben der vielen Arbeit, liebevolle Mama und gleichzeitig manchmal strenge Erzieherin zu sein. Unser Sohn wurde so erzogen, wie ich selbst auch von meinen Eltern. Jedes Kind ist manchmal trotzig und verlangt förmlich, in die „Schranken gewiesen zu werden". Dass mein Kind in der Öffentlichkeit schreit und tobt, wenn es seinen Willen nicht durchsetzen kann, wäre für mich eine Schande gewesen.
1972: Ich erlebte meine zweite Schwangerschaft, die genauso problemlos verlief wie die erste. Am 23. Juli – diesmal zwei Tage später als errechnet – erlebte ich meine zweite Niederkunft. Mitten in der Nacht, um 1 Uhr dreißig, kam unsere Tochter

Sandra zur Welt. Mit ihr wurden meinem Mann und mir mehrere Wünsche auf einmal erfüllt. Wir hatten nun ein Pärchen, und Sandra war auch noch ein Sonntagskind mit einem Gewicht von 2950 Gramm und 51 Zentimetern Größe. Nach der Entbindung dachte ich mir: „So, jetzt habe ich mein `Soll´ als Mutter erfüllt. Weitere Kinder möchte ich nicht mehr." Herbert war so glücklich mit unserem lieben, zarten Mädchen, dass er vor lauter Freude mit Halbschuhen auf die Welserhütte lief, um seinem Bruder, der dort Hüttenwirt war, von dem freudigen Ereignis zu erzählen. In der Talstation der Materialseilbahn zur Welserhütte befand sich ein altes Feldtelefon, das aber nicht funktionierte, als Herbert versuchte, seinen Bruder Karl anzurufen. Deshalb lief er, zum Erstaunen aller „normal" ausgerüsteten Bergsteiger, in Windeseile das Hochgebirge bis zur Welserhütte hinauf.

Es gab damals die Möglichkeit gleich in der Klinik die Taufe zu vollziehen, die ich gerne wahrnahm. Die Zeremonie glich zwar eher einer Massenabfertigung, aber ich war froh, dass dieser Termin erledigt war und Sandra schon nach wenigen Tagen ihrer Geburt ihr erstes Sakrament empfangen konnte. Herbert und auch sonst niemand unserer Familie hatten die Möglichkeit, an dieser Zeremonie teilzunehmen. Nur Sandras Taufpate, Karl Redtenbacher, war natürlich dabei.

Auf so eine unpersönliche Art würde ich kein Kind mehr taufen lassen.

Meine Rührung schnürte mir den Hals zu, als Peter am Telefon mit mir sprach: „Mama, wann kommst du heim mit dem Baby?" Er konnte schon gut sprechen, und sein Stimmchen war zart und so süß. Ich sehnte mich nach meinem „Großen".

Zu Hause wurde es dann, mit Gitterbettchen und Stubenwagen, eng in unserem Schlafzimmer. Dass unsere Sandra in der Nacht geboren wurde, bekamen wir alle deutlich zu spüren. Tagsüber schlief sie und nachts war sie tüchtig am Schreien. Nach einigen Wochen waren meine Nerven dermaßen strapaziert, dass ich fix und fertig war. Herbert fotografierte mich, als ich eines Morgens den Schnuller im Mund hatte, den ich eigentlich nur nassmachen und dann der Kleinen geben wollte. Eines Nachts hatten wir dann alle genug von dem schreienden Zwerg. Ich schob sie mit dem Stubenwagen in ein anderes Zimmer und ließ sie schreien. Schlafen konnte ich in dieser Nacht auch nicht, blieb immer in ihrer Nähe und hatte große Gewissensbisse. Sie tat mir furchtbar leid, aber die „Rosskur" zeigte Erfolg. Erst am frühen Morgen brauchte Sandra dann ihr Fläschchen, tagsüber war sie ein liebes, fröhliches Baby.

Einzug ins Haus

September 1972: Eine lange, schwere und sehr arbeitsintensive Zeit hatte nun ein Ende. Das Resultat war unser schönes neues Eigenheim, in dem unsere Ideen und unser Schweiß steckten. Junge zwanzig war ich, Mutter von zwei Kindern und voller Optimismus. Das Leben im Betrieb kannte ich, und deshalb wollte ich alles anders machen. Meine Aufgabe sollte es sein, für meine Kinder und für Herbert zu sorgen. Meine Eltern hatten nie Zeit für mich und meine Probleme gehabt. Unsere Kinder sollten anders aufwachsen, als eigenständige kleine Persönlichkeiten, für die ich immer ein offenes Ohr haben würde.

Alles einzupacken und dann für den Umzug zu verstauen, war ein Gewaltakt. Mein Hausrat war komplett, weil ich schon Jahre zuvor begonnen hatte, Geschirr, Besteck, Bett- und Tischwäsche und vieles mehr zu sammeln. Zu vielen Gelegenheiten schenkte mir Mama derartige praktische Utensilien für den Haushalt. Auch ein wunderschönes Schlafzimmer hatte ich bereits seit längerer Zeit gekauft, mit weißem Korpus und dunklen Türen in Hochglanzlack. Am schönsten war der geräumige sechsteilige Schrank mit einem großen runden Spiegel in der Mitte. Dann kam endlich der große Tag meiner Lebensveränderung, die „Abnabelung" von meinem Elternhaus. Mit dem Traktor unserer Landwirtschaft nahmen wir die Umsiedelung vor, die den ganzen Tag über andauerte. Die erste Nacht schliefen wir auf unseren Matratzen, direkt auf dem Fußboden, weil wir zu später Stunde die Betten nicht mehr aufstellen wollten. Überall standen Schachteln und Säcke, die einen Überblick unmöglich machten, aber wir waren glücklich. Mama war während unseres Auszugs in einer Weberei im Mühlviertel, um Tischwäsche einzukaufen. Nachdem sie erst am späten Abend nach Hause gekommen war, machte sie meinem Mann große Vorwürfe: „Du hast mir meine Familie gestohlen, während ich nicht da war." Sie war wirklich traurig, was ich von ihr nicht vermutet hätte, weil sie stets die Starke war und nur selten Gefühle zeigte.

Das Wohnzimmer war noch Jahre unmöbliert. Auf den blanken Estrich legte ich alte Teppiche, an die Holzdecke montierte Herbert eine Schaukel und so wurde aus dem eigentlichen Wohnzimmer ein großes Spielzimmer für die Kinder. Das wichtigste war doch, wir waren eine eigenständige, junge Familie in unseren selbst geschaffenen und finanzierten „vier Wänden". Einige schwere Hürden hatte ich aber noch zu überwinden. Eine davon war das Kochen, das ich eigentlich nie richtig gelernt hatte. Ich war immer die Kellnerin, Oma und Mama ausgezeichnete Köchinnen, die

mir hilfreiche Tipps gaben, aber am eigenen Herd musste ich noch Erfahrungen sammeln. In der Schule liebte ich den Kochunterricht, und meine Lehrerin war stets zufrieden mit mir, deshalb ging ich doch mit Zuversicht ans Werk und stellte mich meiner neuen Herausforderung. Herbert musste als „Versuchskaninchen" herhalten, lobte aber im Großen und Ganzen meine Kochkunst. Nach und nach richteten wir Raum für Raum ein und freuten uns über jedes neue Möbelstück, das wir uns leisten konnten. Bis das zweite Kinderzimmer fertig war, schliefen beide Kinder in einem Zimmer. Peter
war aber sehr froh, dass er sein Schwesterchen bei sich hatte.
Im Sommer half ich nach wie vor meinen Eltern im Gastgewerbe und auch noch fallweise in der Landwirtschaft. Die Kinder waren immer mit dabei und nicht selten ohne Aufsicht. „Ach die Kinder laufen schon mit", hieß es. Fallweise gab es natürlich schon den einen oder anderen Unfall und einer war im höchsten Maße lebensgefährlich. Peter spielte mit meinem Bruder Helmut auf dem Heuboden und fiel dabei auf den Betonboden der Unterfahrt. Weil er auf dem Rücken landete, konnte er nur sehr schwer atmen. Als Helmut mit meinem Sohn auf dem Arm zur Tür hereinkam, erschrak ich fürchterlich. „Um Gottes Willen, was ist passiert? Leg ihn im Nebenzimmer auf das

Sofa", rief ich aufgeregt und wusste nicht, was eigentlich geschehen war, bis mein Bruder – selber noch schockiert – endlich von dem Sturz erzählte. Nachdem ich Peter seine Kleidung ausgezogen hatte um zu sehen, welche Verletzungen er hatte, stellte ich erleichtert fest, dass er, außer einigen blauen Flecken, unverletzt geblieben war. Erstaunlich schnell erholte er sich wieder, nachdem er sich einige Zeit ausgeruht hatte. Am nächsten Tag war wieder alles vergessen. Peter hatte wohl mehrere Schutzengel gehabt, die Schlimmeres verhinderten.

Sandra war ein sehr ruhiges, braves Kind, das uns aber wegen ihrem häufig auftretenden Bronchialasthma doch oft Sorgen bereitete. Nur einmal, im Alter von ungefähr drei Jahren, war sie mit ihrem Dreirad ausgebüchst. Mit ihrem kleinen Gefährt legte Sandra die unglaublich weite Strecke von schätzungsweise einem Kilometer zurück.

Es war Sommer. Die Kinder spielten im Hof, gingen zu den Tieren in den Stall, fuhren mit dem Dreirad oder spielten im Sand, während ich im Gastbetrieb beschäftigt war. Sandra hatte zu meiner Tante Mitzi, die bis zu ihrem hohen Alter bei uns im Betrieb arbeitete, eine sehr innige Beziehung. Wenn ich ab und zu mit meinem Mann abends ausging, schliefen Sandra und Peter bei ihr und Onkel Friedl, der besonders Sandra so liebgewonnen hatte, dass er mich tatsächlich bat, sie adoptieren zu dürfen. „Ach, ihr könnt doch noch mehr Kinder haben, ihr seid ja noch jung", meinte Onkel Friedl. Er hatte Sandra auch einmal für ein paar Tage bei sich, als ich wegen einer Kürettage ins Krankenhaus musste. Mit runden, roten Bäckchen lag sie schlafend im Ehebett als ich wieder nach Hause kam. Die Kindheit seines Sohnes hatte Onkel Friedl nicht miterlebt, weil er damals an der Front und später in Gefangenschaft war.

Eines Tages nahm Sandra ihr Dreirad und fuhr die weite Strecke zu Tante Mitzi. Den Weg kannte sie genau, musste sogar die Hauptstraße überqueren, und als sie von jemandem gefragt wurde, wo sie hinfahren wolle, sagte sie kurz und bündig: „Zur Tante Mitzi." Meine Tante konnte es nicht fassen, als sie aus dem Haus kam und die Kleine ganz allein kommen sah. Das Telefon klingelte. Tante Mitzi, die selbst kein Telefon hatte, rief vom Nachbarhaus an und erzählte mit hörbar aufgeregter Stimme von ihrem „Besuch". Meine kleine Ausreißerin jagte mir einen gewaltigen Schrecken ein. Nicht auszudenken, was alles hätte passieren können. „Dass du so etwas nie wieder tust. Das war sehr gefährlich, ich habe mir große Sorgen gemacht", ermahnte ich Sandra. Empört schrie sie Tante Mitzi an, die sie ja verraten hatte: „Ich mag dich nie mehr!" Das klang so süß aus dem Munde unserer Kleinen, dass wir alle lachen mussten. Scheinbar war ihr das eine Lehre, denn sie war ein sehr sensibles und einfühlsames Kind. Nie wieder riss sie von zu Hause aus.

Hochwasser

Seit fünf Jahren lebten wir nun in unserem Haus, mit unseren zwei Kindern, Peter und Sandra. Ich war die schlichte Hausfrau und Mutter nach meinen Wünschen und Vorstellungen. Für meine Kinder wollte ich sorgen und nicht ewig im Gasthaus leben, in dem ich geboren wurde und eine Kindheit verbracht hatte, die mit vielen Entbehrungen verbunden war. Schon in jungen Jahren musste ich im Service mithelfen und vieles andere erledigen. Im Frühling ging es los mit Mist ausfahren, Wiesen von Steinen, Holzstücken und anderem Unrat befreien, im Sommer, neben der Bedienung der Urlaubsgäste, war die Heuarbeit zu erledigen, und im Herbst Obst zum Pressen für den Most einzusammeln und Laub zu rechen. Den Winter konnte ich mehr genießen, da hatte ich nur die Aufgabe, das Holz in die Küche und in die Fremdenzimmer zu tragen, wobei mein Bruder ebenfalls mithalf.
Ich wollte keine Gastwirtin sein und das Gastzimmer als mein Wohnzimmer betrachten. Obwohl ich noch viele Sommersaisonen meiner Mutter im Gasthaus geholfen hatte, so war doch die meiste Zeit des Jahres für meine Familie reserviert.

Ende Juli 1977: Seit Tagen regnete es nun schon unaufhörlich. Aus den kleinen Bächen wurden reißende, braune Flüsse, die Bäume und Sträucher von den Uferböschungen entwurzelten und mit sich rissen. Die Alm, die normalerweise in ihrem sechs bis sieben Meter tiefen Flussbett ruhig dahinfloss, stieg bedrohlich an. Man hörte das dumpfe Rollen der Steine tief im Wasser. Die tosende braune Brühe roch nach Erde und Lehm. Allmählich wurden einige Stege und Brücken mitgerissen. So auch der „Schaitensteg", etwa 150 Meter von unserem Haus entfernt und die kürzeste Verbindung zu meinem Elternhaus. Um zu Fuß in den Ort zu kommen, hatten wir einen langen Umweg zu gehen. Mehrmals am Tag zogen wir unsere Gummistiefeln und Regenjacken an, gingen zur Alm und beobachteten den Wasserstand der tosenden Fluten. Es regnete pausenlos weiter. Am 31. Juli gingen wir wie immer seelenruhig schlafen, denn dass die Alm jemals über ihre Ufer treten würde, nachdem sie sich während vieler Jahre so tief ausgeschwemmt hatte, konnte sich niemand vorstellen.

1. August: Es dämmerte bereits als zwischen vier und fünf Uhr früh die Hausglocke läutete. Ein Mann der Feuerwehr stand vor der Tür: „Schnell anziehen, das Hochwasser ist da." Herbert sah aus dem Schlafzimmerfenster und rief: „Oh Gott, das Wasser!" In Windeseile schlüpften wir in warme

Kleidung, denn es war empfindlich kalt geworden. Der viele Regen ließ mitten im Sommer die Temperaturen sinken. Herbert öffnete die Tür zur Kellertreppe: „Um Himmels Willen, das Wasser ist im Keller!", schrie er voller Entsetzen. Er holte das kleine Schlauchboot aus der Hütte und rettete Konserven, Marmeladegläser und andere brauchbare Lebensmittel aus den Kellerregalen. Es war eine Katastrophe, man konnte weiter nichts machen als zuzusehen und abzuwarten, bis der Wasserspiegel sank. Viele unserer wertvollen Geräte standen vollständig unter Wasser; Waschmaschine, Kühltruhe, Rasenmäher und sämtliche Maschinen in der Werkstatt. Auch der Heizungskessel war total überschwemmt, sodass wir bei ungemütlicher Kälte nicht einheizen konnten. Die Tür des Kellers stand weit offen und die Metalltür zum Heizraum, die nach außen zu öffnen war, hatte die Wassermassen nach innen gedrückt, völlig deformiert und unbrauchbar gemacht. Nur sehr langsam senkte sich das Wasser, sodass wir erst am Nachmittag das gesamte Ausmaß der Katastrophe erkennen konnten. Aus dem Wald, neben und hinter unserem Haus, spülte das Hochwasser Schlamm, Tannennadeln, Laub, Zweige und sogar einige tote Fische aus der Alm in unseren Keller. Die Wände waren schmutzig, braun und stanken nach Moder, Erde und Schlamm. Wir waren der

Verzweiflung nahe. Im Heizraum herrschte ein heilloses Durcheinander von Kohle, Holz, Asche, Schlamm und leeren Bierflaschen. Zum Glück kamen gute Freunde, helfende Hände, die in Schubkarren und Kübeln den Dreck aus dem Keller brachten. Die Motoren sämtlicher Geräte mussten ausgebaut, gereinigt und gewartet werden. Die Aufräumarbeiten dauerten mehrere Tage. Zusätzlich hatten wir einige Wochen lang Entfeuchtungsgeräte im Einsatz, Fenster und Türen waren dabei stets geöffnet. Doch es dauerte Jahre, bis die Wände wieder einigermaßen trocken waren, und noch heute rieselt stellenweise der Putz von den Wänden. Von der Versicherung und der Gewerkschaft bekamen wir Unterstützung um den Schaden etwas zu mindern.

Wahre Wunder

Wir Menschen dürfen uns nicht einbilden, die größten, klügsten und besten Geschöpfe der Welt zu sein. Nicht alles zwischen Himmel und Erde kann man sehen, berechnen, erklären und kalkulieren. Es gibt Dinge oder Begebenheiten, die unerklärbar sind, unvorstellbare Kräfte und Mächte, jenseits unserer Vorstellungen.

Unsere Tochter litt seit frühester Kindheit an Bronchitis- und Asthmaanfällen, die immer häufiger und akuter auftraten. Wir taten alles nur mögliche, um Sandra von ihrem Leiden zu befreien, aber vorwiegend während der Herbstzeit, die Feuchtigkeit, Nebel und Kälte brachte, und während des Frühlings mit Pollenbelastungen, war jeder Arztbesuch und jedes Medikament bestenfalls nur Linderung, oft aber auch umsonst. Bei jedem beginnenden Husten war ich der Verzweiflung nahe, weil ich die Auswirkungen der kommenden Wochen nur zu gut kannte. Ich kann nicht mehr sagen, wie oft ich mit meinem Kind beim Hausarzt und beim Lungenfacharzt war, jedenfalls gehörten wir zu den Stammkunden. Als Sandra in die Schule kam, erreichten ihre Fehlstunden enorme Ausmaße. Bis zur Erschöpfung hustete sie, fieberte und musste im Bettchen liegen. Ihre Leistungen waren deshalb auch dementsprechend dürftig, weil sie viel zu oft zu Hause bleiben musste und dadurch wichtigen Unterrichtsstoff versäumte. Antibiotika, warme Kleidung – doch es half leider alles immer nur vorübergehend, wenn überhaupt. Hilflos und ratlos mussten mein Mann und ich zusehen, wie unser Kind Tag und Nacht hustete und nach Luft rang. Oft holten wir sie nachts zu uns ins Bett, massierten ihre kleine Brust, sorgten mit nassen Tüchern für genügend Luftfeuchtigkeit und waren dankbar für jede Linderung, jeden ruhigen Atemzug. Selbst unser lieber Hausarzt war – im wahrsten Sinne des Wortes – recht oft mit seinem Latein am Ende. Bedingt durch die Einnahmen unzähliger Medikamente, ist Sandra immer ein sehr zartes, schwaches Kind gewesen. Als sie dann etwa acht Jahre alt war, bekam ich von einem Bekannten den ungemein wichtigen Tipp, mein Kind von einer Wunderheilerin untersuchen zu lassen. Ich erhielt Adresse und Telefonnummer von Frau Anna Gruber aus Vorchdorf. Leider muss ich über diese unglaublich kluge, fähige Frau, die in meinen Augen eine Heilige war, in der Vergangenheit schreiben, weil sie leider vor vielen Jahren verstorben ist. Nach einem Anruf bekam ich für die Behandlung unserer Tochter den ersten Termin. Auf der Strecke von Vorchdorf Richtung Bad Wimsbach war das Haus nicht schwer zu finden. „Wo die meisten Autos neben der Straße

parken, dort ist Frau Gruber zu Hause", so hatte man uns die Adresse beschrieben.
Im Behandlungsraum herrschte eine eigenartige Stimmung. Alte, abgenützte Sofas standen entlang der Wände und eines in der Mitte des Raumes, die beinahe alle schon besetzt waren. Vierzehn bis fünfzehn Personen warteten geduldig auf ihre Behandlung, die in Anwesenheit aller stattfand. In einer Ecke stand eine große Statue der Gottesmutter Maria, geschmückt mit Blumen und vielen brennenden Kerzen. Frau Gruber, eine korpulente, etwas schroff wirkende Person um die fünfzig Jahre, machte kein Geheimnis daraus, welche Krankheiten ihre Patienten hatten. Ich glaube fast, die Gemeinschaft war von ihr gewollt und gehörte zur Heiltherapie, um Mitleid für andere zu erreichen, die vielleicht noch schwerere Leiden hatten als man selbst. Eine Besonderheit von ihr war auch, dass sie alle ihre Patienten duzte. So schaltete sie von vornherein jede Befremdung aus und fühlte sich sofort mit jedem Menschen verbunden.
Die Wartezeit wurde trotz stundenlanger Dauer nie langweilig, weil man von vielen Krankheiten erfuhr, und Frau Grubers Behandlungsweise beobachten konnte. Als ich dann mit Sandra auf einem Stuhl neben Frau Gruber Platz nehmen durfte, versetzte sie mich sofort in Staunen als sie sagte: „Du armes Kind musst so schwer atmen,

das hab ich sofort bemerkt." Mit ihrer Wünschelrute tastete sie vom Kopf bis zu den Füßen Sandras Körper ab, die im Bereich der Brust weit ausschlug. „Das Kind liegt auf einer Wasserader, die genau unter ihrem Bett quer durch ihre Brust verläuft. Sie braucht sofort einen anderen Schlafplatz, sonst bekommt sie in kurzer Zeit Lungenkrebs", sagte sie in ihrer nüchternen, aber mitleidigen Art. Frau Gruber verfügte über Fähigkeiten, die jeden praktisch denkenden Menschen als Humbug erscheinen würden, aber ich glaubte an sie und klammerte mich an diesen „Strohhalm", der vielleicht unsere Tochter von ihrem Leiden befreien könnte. Die Heilerin legte eine Hand auf Sandras Brust und die andere auf ihren Rücken und ließ ihre heilenden Strahlen mehrere Minuten auf mein Kind wirken. Man konnte regelrecht beobachten, wie Sandra allmählich ruhiger, entspannter atmen konnte und müde wurde. Am Schluss der Behandlung streifte Frau Gruber mit ihren Händen über Kopf und Körper und schüttelte sie aus. Lächelnd sagte sie dann zu unserem Sohn Peter: „Du bist kerngesund, du brauchst meine Hilfe nicht." Herbert litt seit seiner Kindheit an chronischer Darmentzündung mit häufigen Schüben von Durchfall und Darmblutungen. Obwohl Frau Gruber durch ihr Feingefühl sofort die Krankheit meines Mannes erkannte, nahm sie wie gewöhnlich ihre Wünschelrute und tastete von Kopf bis zu den Füßen seinen Körper ab. Dabei machte sie eine besorgte Miene, bis sie schließlich ihre Diagnose aussprach. „Du hast eine sehr heimtückische Darmerkrankung, die ich immer nur vorübergehend lindern kann, weil sie durch psychische Belastung ausgelöst, immer wieder ausbrechen wird und dadurch unheilbar ist. Viel lieber wäre mir, du hättest Krebs, den könnte ich – mit Gottes Hilfe – heilen. Aber was sehe ich an deinen Hüften? Du hast an beiden Seiten Operationsnarben. Noch so jung, und schon so krank. Aber es freut mich, dass du nicht rauchst und keinen Alkohol trinkst." Jede Feststellung, die Frau Gruber über das Krankheitsbild meines Mannes machte, war absolut richtig, obwohl wir uns niemals zuvor begegnet waren und sie auch keinen Befund meines Mannes gesehen hatte. Dass eine Heilung seiner Darmerkrankung nicht möglich ist, war eine bittere Nachricht. Trotzdem bemühte sich Frau Gruber nach besten Kräften, seine Schmerzen zu lindern. Wie gewohnt legte sie ihre Hände auf Bauch und Rücken meines Mannes und ließ lange ihre positiven Strahlen auf ihn einwirken. Nach mehreren Behandlungen, die wöchentlich wiederholt wurden, ging es Herbert wesentlich besser, aber wie Frau Gruber anfangs schon sagte, eine Heilung konnte er nicht erwarten.

Sandras erste Behandlung zeigte große Wirkung. „So Gott will, kann ich eurer Tochter helfen." Das waren Worte der Hoffnung, als wir uns im Vorraum von Frau Gruber verabschiedeten. Sandra legte sich auf den Rücksitz unseres Autos und schlief sofort ein. Ihr ruhiges Atmen war wie ein großartiges Geschenk. Längst zu Hause angekommen, schlief sie noch über eine Stunde lang im Auto weiter. Als ich sie dann ins Haus holte, war sie fieberfrei und atmete ruhig. Natürlich befolgten wir den Rat, den Schlafplatz unseres Kindes zu verlegen, obwohl sie erst einige Monate zuvor ein eigenes, neu eingerichtetes Zimmer bekommen hatte. Die Behandlungen wurden fortgesetzt, anfangs einmal wöchentlich und später jede zweite Woche. Jeder Besuch bei Frau Anna Gruber versetzte mich förmlich in eine andere Welt. Als ich ihr erzählte, wie lange Sandra jedes Mal nach ihren Behandlungen geschlafen hatte, antwortete sie: „Ja, das weiß ich, ich habe sie so stark bestrahlt, dass sie zwei Stunden schlafen musste." Diese Frau hatte Fähigkeiten, die mich immer wieder erstaunten. Oft schaute sie ihre Patienten nur an und konnte sofort feststellen, ob jemand rauchte und sogar wie viel, ob jemand Alkohol trank oder die Pille nahm, und mit ihrer Wünschelrute konnte sie jede Diagnose stellen. Es war unglaublich, wie sich Patienten im

Laufe der Zeit sogar von schwerem Leiden erholten.

Einen Vorfall, den ich bei diesen Sitzungen selbst miterlebt hatte, konnte ich nie vergessen. Eine Frau mittleren Alters kam stöhnend in den Behandlungsraum. Sie hatte eine Decke um den Unterleib gewickelt und trat, von Schmerz gezeichnet, langsamen Schrittes zu Frau Gruber. Sie war sehr mager und hatte dunkle Augenringe. In gewohnter Weise legte die begnadete Heilerin ihre Hände auf Bauch und Rücken dieser Frau. Nachdem sie mit der Behandlung fertig war und die fremde Frau sich verabschiedet hatte, erzählte uns Frau Gruber diese unglaublich traurige Krankengeschichte der Mutter von zwei Kindern: „Sie hat Unterleibskrebs. Ob ich sie heilen kann, das liegt in Gottes Hand. Auf jeden Fall werde ich alles versuchen, dass diese Kinder ihre Mutter nicht verlieren." Nur ein paar Mal konnte ich diese leidende Frau noch bei Anna Gruber sehen, weil unsere Behandlungstermine immer wieder wechselten. Ob es für die Frau Hoffnung auf Heilung gab, interessierte mich. Deshalb fragte ich Monate später nach, wie es um sie stand. „Gott hat mich erhört. Es sind zwar noch einige Behandlungen notwendig, aber ich kann schon sagen, dass der Krebs besiegt ist. Es ist selbst für mich fast unglaublich, aber die Frau erzählte mir, dass sie faustgroße Stücke fauligen Fleisches und

Blut aus ihrem Unterleib verliert." Mit ihren heilenden Händen hatte Frau Gruber ein Wunder vollbracht. Die Frau wurde wieder gesund, obwohl ihr die Ärzte keine Chance mehr gegeben hatten.

Bei meiner Tochter aber war eine künftige Heilung nicht so eindeutig festzustellen. Nach den Behandlungen fühlte sich Sandra zwar jedes Mal sehr wohl und erleichtert, aber eine langfristige Besserung gab es leider nicht. Frau Gruber riet mir schließlich, an meiner Tochter einen Allergietest bei einem Lungenfacharzt machen zu lassen. Natürlich befolgte ich ihren Rat. Der Allergietest, den Herr Doktor Hürbe aus Gmunden durchgeführt hatte, ergab Reaktionen auf Hausstaub, Tierhaare, sowie Gräser, Roggen und Birkenblüten. Die nächste Odyssee für meine Tochter war eine Spritzenkur, die in Wochenabständen über dreieinhalb Jahre durchgeführt wurde. Herr Primar Dr. Hürbe war dann für einen langen Zeitraum für uns ein ungemein liebenswürdiger und einfühlsamer Arzt, der sich viel Zeit für mein Kind genommen hat und mir viele Ratschläge gab, wie ich am besten die Hausstaubmilben bekämpfen konnte. Sandra musste sich von ihren Kuscheltieren trennen, durfte nicht im Zimmer sein, wenn ich Staub saugte, und Teppichböden waren „streng verboten". Später hat sie dann ein eigenes, neues

Zimmer im Dachgeschoss bekommen, das südseitig und vor Allem strahlenfrei lag. Fallweise besuchten wir aber weiterhin Frau Gruber, denn nach jeder Behandlung fühlte sich Sandra wieder wesentlich besser.

Ihre überirdischen Fähigkeiten und Heilerfolge sprachen sich herum. Kranke und Leidende standen Schlange, bis sie letztendlich nur mehr Kinder behandelte, weil, wie sie sagte, diese lasterlos, unschuldig und Gottes Geschöpfe sind, die ihr Leben noch vor sich haben. Irgendwann gelang es mir aber doch, dass Anna Gruber auch mich auspendelte. Langsam gleitend bewegte sie ihre Wünschelrute über meinen Kopf, tastete mein Gesicht ab und bei meinen Augen begann die Rute auszuschlagen. „Du bekommst mit deinen Augen große Schwierigkeiten", erkannte sie. „Aber ich hab doch keine Probleme mit meinen Augen. Mein Sehvermögen ist ausgezeichnet, und auch sonst habe ich keine Beschwerden", dachte ich, ohne dabei ihre Konzentration mit Worten zu stören. Dann tastete sie meinen Brustkorb und den Bauch ab. „Blasenentzündungen hast du oft, weil du zu wenig trinkst, und der Bauch ist auch nicht ganz in Ordnung, aber du nimmst keine Pille, das ist sehr selten heutzutage." Die letzte Feststellung war nicht richtig. Als ich erzählte, dass ich seit sieben Jahren die Pille nahm, war sie sehr erstaunt:

„Das gibt es nicht. Noch nie hab ich eine Frau gesehen, die ohne jede Nebenwirkung die Pille verträgt." Nun, außer meinem Blasenleiden, das Frau Gruber erkannt hatte, war ich doch sehr verwundert und skeptisch über die Diagnose. Aber noch unglaublicher war, dass erst vier Jahre später an meinen Augen eine Krankheit ausbrach, die mich viele Jahre plagte und bis zum heutigen Tage immer wieder zum Ausbruch kommt. Mehrmals musste ich im Krankenhaus stationär behandelt werden. So kam ich in die Tretmühle vieler Untersuchungen, um die Ursache meiner äußerst seltenen Erkrankung festzustellen. Ein Ärztekonsortium von acht Fachärzten wurde einberufen – und das Ergebnis war ein neuer Tiefschlag. Mir wurde gesagt, dass ich eine rheumatische Erkrankung habe, die mich im schlimmsten Fall, an den Rollstuhl „fesseln" könnte. Es handelt sich dabei um eine langsame Verhärtung der Bandscheiben, die mir einen schmerzhaften Lebensweg bescheren würde. Wieder war es mein Optimismus, der mich ungläubig machte. Ich litt zwar vor längerer Zeit morgens beim Aufstehen unter gewaltigen Rückenschmerzen, doch die waren fast vergessen. Ich hatte keine Schmerzen mehr und sollte dennoch an Rheuma erkrankt sein? Im Alter von vierundfünfzig Jahren hatte ich aber wiederholt Rückenprobleme. Sehr gewöhnungsbedürftig war

der Beginn meiner neuen Arbeitsstelle als „Zimmermädchen". Meine Rückenmuskulatur mittels Therapie zu stärken, hatte ich im Krankenhaus gelernt, sodass ich durch gezielte Bewegungen, auftretende Schmerzen selber lindern kann, und über die Zukunft möchte ich nicht „schwarzmalen". Was Frau Gruber über meinen Bauch feststellte, dafür bekam ich ebenfalls Jahre später die „Rechnung präsentiert".
Das Leiden meines Mannes konnte ebenfalls nur operativ gelöst werden. Jahrzehnte war er geplagt von Durchfällen und Darmblutungen. Seine Lebensqualität war so massiv eingeschränkt, dass er ausgenommen von der notwendigen Arbeitszeit nicht mehr aus dem Haus konnte. Einkaufstage in der Stadt waren für Herbert Dauerstress. Immer wieder die Suche nach einer Toilette vermieste ihm und auch mir die Einkaufslust, und nicht selten fuhren wir, ohne unsere Einkäufe beendet zu haben, wieder nach Hause. Oft nahm ich das Auto und machte mich alleine auf den Weg in die Stadt, um Kleidungsstücke für die ganze Familie einzukaufen, was natürlich nicht immer einfach gewesen ist. Die stationären Behandlungen in Krankenhäusern häuften sich zusehends, die Darmentzündungen wurden immer akuter, sodass Herbert sich selbst eine Operation wünschte. Doktor Primar Haidinger, aus dem Krankenhaus der Barmherzigen Brüder in Linz, bemühte sich

nach besten Kräften um meinen Mann. Er führte mit uns beiden ein langes Gespräch, klärte uns über die Folgen dieser schweren und endgültigen Entfernung seines gesamten Dickdarms auf und über einen künstlichen seitlichen Ausgang, den er sein Leben lang haben würde. Dies brachte eine künftige Frühpension, die massive finanzielle Einbußen nach sich zog. Viele Jahre musste ich für Herbert Diätkost zubereiten, er war oft aggressiv und nervlich am Ende. Unsere Ehe war nicht selten großen Belastungsproben ausgesetzt. Nachdem ich seinen Befund gelesen hatte, gab es auch für mich keine Zweifel mehr, der Operation zuzustimmen: „Kein einziger Quadratzentimeter des gesamten Dickdarms funktioniert mehr. Er ist befallen von unzähligen, bis erbsengroßen Geschwüren, wovon auch einige bösartig sein könnten." Eine Operation war tatsächlich die einzige lebensrettende Möglichkeit für mich. Unsere künftige finanzielle Lage war zu diesem Zeitpunkt unwichtig.

Die „Gruber Nandl", wie Frau Anna Gruber genannt wurde, wuchs in einer Großfamilie, in sehr ärmlichen, bäuerlichen Verhältnissen auf, und auch sie war Mutter von acht Kindern, die ebenfalls nicht mit „irdischen Gütern" gesegnet waren. Aber Geld und Besitz waren für die gottesfürchtige Frau absolut bedeutungslos. Dass sie unerklärbare Fähigkeiten besaß, erkannte sie, als im Nachbarhaus eine Kuh nach dem Kalben beinahe verblutet wäre. Mitleidig legte sie ihre Hand auf den Rücken des Tieres. „Jammerschade um diese gute Kuh", sagte sie und augenblicklich hörte das Blut auf zu fließen. Der erstaunte Tierarzt forderte Frau Gruber auf, ihre Hand nochmals auf die Kuh zu legen, wieder hörte sie auf zu bluten.

Mein Dornenvoller Weg

Einige Zeilen aus Anna Grubers Buch mit dem Titel: „Gott gab mir heilende Hände":

Lange wusste ich nicht, was Gott mit mir vorhatte. Ich erkannte Kräfte in mir, aber ich konnte sie nicht einordnen.
Ich muss Herrn Professor Wagner von ganzem Herzen danken, er hat mir den richtigen Weg gewiesen. Er war, Gott habe ihn selig, zuletzt Seelsorger im Krankenhaus Gmunden. Einmal erzählte ich ihm von meinen Sorgen und meiner Unentschlossenheit was meine Strahlenkräfte betraf. Ich jammerte ihn ein anderes Mal in einem Brief voll und fragte ihn, was ich denn tun sollte und ob er mich für verrückt halte wegen meiner Strahlen, oder ob es eine Laune der Natur sei. Da antwortete der gute, weise Priester: „Wenn diese Kraft nur eine Laune der Natur ist, wird sie wieder vergehen. Ist es aber eine Kraft, die von Gott gewollt ist und eine unverdiente Gnade, dann wird sich diese Strahlenkraft weiter entwickeln." Er sagte weiter: „Beten sie viel und gehen sie so oft wie möglich zur Heiligen Messe. Auch ich werde für sie beten." Ich folgte seinem Rat, betete viel, und besuche seither fast jeden Tag die Hl. Messe. Daraus ist mir bewusst geworden,

dass es Gottes Wille ist, den Menschen zu helfen, seelisch und körperlich. Meine Strahlungskräfte verfeinerten sich und behielten ihre heilende Wirkung bis heute.

So habe ich den von Gott mir zugewiesenen Platz bekommen. Aber dornenvoll war mein Weg. Vor allem am Anfang meiner Heilertätigkeit wurde ich von einigen Ärzten und von der Ärztekammer angeklagt und vor Gericht gestellt, weil in Österreich ja niemand heilen darf, wenn er nicht Medizin studiert hat. Aber das Gericht erkannte dann doch meine lautere Absicht und hat mich freigesprochen. Die Gabe, die ich von Gott erhalten habe, kann mir niemand absprechen. Ich erkenne die Krankheiten in den Menschen, Tieren und auch Pflanzen. Denn alles strahlt, Krankes und Gesundes, bösartige Geschwüre, Krebs oder Entzündungen, alles nach seiner Art.

Ich verstehe mich als Werkzeug Gottes, als nichts anderes. Frieden und Freude kehren in mir ein, wenn ich die Kraft weitergeben kann, die ich in Demut empfange.

Auf die Frage: „Glauben Sie auch an Gespenster oder andere Geistwesen?", antwortete ich: „Ja natürlich, denn genauso wie es Gott und die Dreifaltigkeit gibt, so bin ich davon überzeugt, dass es auch böse, schwarze Seelen wie den Teufel gibt, die uns schaden wollen. Einige Patienten habe ich schon behandelt, die besessen waren."

Eines Tages zeigt uns Frau Gruber ihre Finger. Der Zeige- und der kleine Finger jeder Hand waren gleich lang, so auch der Mittel- und der Ringfinger. Draußen war es bereits dunkel, als sie zum Fenster ging, jemand im Behandlungsraum drehte das Licht ab, und dann hielt sie ihre Hände knapp vor die Fensterscheibe und zeigte uns die Strahlen, die wie kleine Flammen aus ihren Fingerspitzen loderten. Das war ein Schauspiel, das uns alle höchst erstaunte.

Unwissend und deshalb auch unbeabsichtigt, hatte sie auch mich bekehrt. Ihr tiefer Glaube hat mich stark beeindruckt und mich überzeugt, dass es Mächte jenseits unserer Vorstellungen gibt.

Durch medizinische Bücher und eigene Erfahrungen mit Patienten, erreichte Frau Anna Gruber anatomische Kenntnisse, die selbst Ärzte oft in Staunen versetzten. Ihre Spezialgebiete waren hoffnungslose Fälle, wie Krebs oder andere organische und auch seelische Erkrankungen, bei der die Schulmedizin keine Rettung mehr sah. Nie hatte sie behauptet, dass sie selbst alle Krankheiten heilen könnte, aber die vielen genesenen Patienten, die ihre Krankengeschichten in den unzähligen Gästebüchern der Heilerin niedergeschrieben hatten, sind wahrhaftige, bleibende Erinnerungen der Dankbarkeit und ein ewiges „Denkmal" für Frau Anna Gruber.

Ein schwarzer Tag

„Machst du mir bitte Kamillentee?", rief Herbert mit schwacher Stimme zu mir in die Küche. Er lag im Wohnzimmer in seinem Fernsehsessel. Lange überlegte ich, was ich zu Mittag kochen sollte. Seit einigen Tagen hatte mein Mann permanent Bauchschmerzen und erbrach alles, was er zu sich nahm. Seine chronische Darmkrankheit mit beinahe ständigem Durchfall war ja nichts Neues. Diesmal hatte er aber auch noch hohes Fieber und geschwollene Gelenke. „Ich hab das Gefühl, mein ganzer Bauch ist entzündet", klagte er. Alle Medikamente, die er vor zwei Tagen vom Hausarzt bekommen hatte, halfen diesmal überhaupt nicht. Total geschwächt, mit fiebrigen Augen, lag Herbert wie ein „Häufchen Elend" in seinem Sessel. Es trat keine Besserung ein, sein Zustand wurde täglich bedenklicher. Ich wusste, dass es so nicht weitergehen konnte. Seinen Kamillentee stellte ich neben ihn auf den Wohnzimmertisch und fuhr diesmal alleine zum Arzt. Die Zubereitung von Diätkost für meinen Mann praktizierte ich schon seit vielen Jahren, aber so einen massiven Krankheitsschub hatte ich niemals zuvor bei ihm erlebt. Es war der Zeitpunkt gekommen, an dem ich mit meiner Kochkunst am Ende war. Nachdem ich unserem

Arzt die Symptome der Krankheit und auch meine Ratlosigkeit bezüglich der Ernährung geschildert hatte, stellte er mir eine Einweisung in das Krankenhaus Vöcklabruck aus. Die paar Sachen für eine stationäre Behandlung waren schnell in der kleinen Reisetasche verstaut. Herbert duschte inzwischen und machte sich für die Abfahrt bereit. So müde und schwach wie damals, hatte ich ihn noch nie gesehen. Nach den Formalitäten bei der Anmeldung wurde er in einem sechs-Bett-Zimmer untergebracht. Ich begleitete ihn, stützte ihn beim Gehen und blieb noch, bis er im Bett lag. Sofort bekam er eine Infusion, die der Schmerzlinderung und der Fiebersenkung diente. Mit großer Erleichterung, aber doch in Sorge darüber, woran mein Mann erkrankt war, fuhr ich nach dem Abschied nach Hause, wissend, dass er in guten Händen war. Nach den üblichen Routineuntersuchungen stand nach zwei Tagen die Diagnose fest. Nach der Besuchszeit wurde ich ins Dienstzimmer gebeten, wo mir der behandelnde Arzt den Ernst der lebensbedrohlichen Krankheit erklärte: „Ihr Mann leidet an einer Salmonellenvergiftung dritten Grades. Er hat sehr hohes Fieber, das noch einige Tage anhalten wird. Leider muss ich ihnen aber sagen, dass es nicht sicher ist, ob er mit dem Leben davonkommt. Wären sie einen Tag später gekommen, dann hätte es bestimmt keine Rettung mehr gegeben." Ich fiel aus allen Wolken. Für mich bestand höchste Ansteckungsgefahr, deshalb bekam ich Anweisungen, die ich strikt befolgen musste. Vor und nach jedem Besuch musste ich meine Hände desinfizieren und Küsschen waren nicht erlaubt. Deswegen fand ich es aber unverständlich, dass mein Mann mit seiner ansteckenden Infektion in einem Mehrbettzimmer untergebracht wurde, in dem sich nur eine Dusche und eine Toilette befand. Aufgrund seines starken Durchfalls, hätte er für sich alleine eine Toilette gebraucht. Weiters bekam ich Briefchen für Stuhlproben für mich und unsere Kinder mit nach Hause. Während der Heimfahrt wurde mir erst richtig bewusst, was mir der Arzt zuvor gesagt hatte. Tränen flossen über meine Wangen und mit getrübtem Blick chauffierte ich mein Auto nach Hause. Woher hatte mein Mann nur diese Krankheit bekommen? Ich ließ die Tage zuvor Revue passieren und kam schließlich zu der einzig möglichen Erklärung. Wir hatten vergangenes Wochenende in St. Wolfgang die Firmung unserer beiden Kinder gefeiert. In einem bekannten Gasthaus am See haben wir zusammen mit den Firmpaten zu Mittag gegessen. Was wir bestellten, weiß ich nicht mehr, und es ist auch nicht wichtig, jedenfalls riet ich Herbert, wegen seiner Diät einen Kalbsbraten zu essen. Da niemand sonst außer ihm Kalbsbraten gegessen hatte und auch kein anderer aus der Firmgesellschaft erkrankte, vermute ich, dass dieses Gericht mit Salmonellen verseucht war. Natürlich war er auch durch seine chronische Darmentzündung sehr anfällig für Krankheitserreger.

Fast täglich besuchte ich meinen Mann im Krankenhaus, aber eine Besserung war lange nicht zu bemerken. Im Gegenteil. Er magerte mehr und mehr ab. Seine notwendigen fiebersenkenden Medikamente, die er mittels Infusionen bekam, brachten ihn so zum Schwitzen, dass sogar nachts sein Bett frisch bezogen werden musste. Eines Nachmittages versetzte er mich in große Angstzustände. Total geschwächt lag Herbert im Bett. Seine Nahrung erhielt er durch eine Nasensonde. Er wog nur mehr 47 Kilogramm und war, brutal gesagt, ein wandelndes Skelett. „Soll ich dir nächstes Mal einen Fernsehapparat mitbringen?", fragte ich ihn, weil er ein begeisterter Fußballanhänger ist und damals die WM im Fernsehen übertragen wurde. „Nein", antwortete er, „und besuchen brauchst du mich auch nicht mehr." Ich traute meinen Ohren nicht. Mit diesen Worten versetzte er mir einen Stich ins Herz, und ich bekam die volle Tragweite seines Zustandes, seiner Resignation dem Leben und allem, was ihm vorher wichtig war, aus seinem eigenen Mund zu hören. Es war, als ob er sagen wollte: „Ich will nicht mehr, ich kann nicht mehr, alles ist mir egal." Niemals zuvor hätte Herbert darauf verzichtet, Fußballspiele anzuschauen. In vielen Krankenhäusern hatte er schon gelegen, aber jedes Mal hatte er mit Sehnsucht auf meine Besuche gewartet, und sein Optimismus war durch nichts zu brechen gewesen. Immer hatte er zuversichtlich gezeigt, dass er wieder gesund werden würde, und jeder noch so kleine Genesungsfortschritt freute ihn. Tief betroffen sah ich mich damals schon in schwarzer Kleidung, und wieder fuhr ich sehr traurig und verweint nach Hause. Meine Hoffnungen auf Herberts baldiger Besserung schwanden. Eines schönen Tages gab es aber doch wieder Lichtblicke. Er freute sich wieder über meine Besuche und die Nasensonde war weg. „Stell dir vor", sagte er, „heute Früh, als ich in der Dusche stand, rutschte mir der Schlauch aus der Nase. Panisch versuchte ich ihn wieder hineinzustecken, aber leider gelang es mir nicht mehr. Jetzt muss ich diese Flüssignahrung trinken, aber die schmeckt überhaupt nicht." Jedenfalls war es schon ein großer Fortschritt, dass Herbert sich wieder selbst duschen konnte. Nur sehr langsam senkte sich sein Fieber. Doch sein Gemütszustand wurde zusehends positiver, und zwei Wochen später erkundigte er sich, was es zu Hause Neues gäbe. „Wie geht´s den Kindern in der Schule?", fragte er, was mich hoffen ließ, dass er wieder Anteil am

Leben nahm. An den Wochenenden fuhren dann auch Peter und Sandra mit ins Krankenhaus. Schrittweise wurde Herbert wieder an feste Nahrung gewöhnt, natürlich war das aber weiterhin Diätkost, und nach ca. fünf Wochen konnte ich meinen abgemagerten und noch sehr geschwächten Mann wieder nach Hause holen. Später erzählte er mir, dass er mit seinem Leben schon abgeschlossen, der liebe Gott ihm noch einmal eine Chance gegeben hatte.

Der Tag X

Geistig abwesend, verträumt und unbeholfen stand ich in meiner Küche. Nichts konnte mir an diesem Tag so recht gelingen. Ich ging in den Keller, steckte die Schmutzwäsche in die Waschmaschine, gab wie üblich das Waschpulver ordnungsgemäß dazu und schaltete sie ein. „Habe ich auch das richtige Programm gewählt?" Wieder ging ich die Treppe hinunter in den Keller, um noch einmal nachzusehen. Ungeduldig erwartete ich den Anruf aus dem Krankenhaus, in der Hoffnung auf einen positiven Operationsablauf bei meinem Mann. Nachdem ich die Kinder mit dem Mittagessen versorgt hatte, machte ich mich auf den Weg nach Linz ins Krankenhaus der Barmherzigen Brüder. Da ich meinen Mann schon einige Male besucht hatte, bewegte ich mich bereits relativ sicher in der Stadt. Nachdem ich auch noch einen günstigen Parkplatz gefunden hatte, ging ich schnellen Schrittes durch das Portal bis zur Intensivstation. Meine Aufregung stieg, als mir der typische Geruch nach Desinfektionsmittel in die Nase stieg. Es herrschte absolute Stille in den Gängen, nur ich ging zielstrebig und hastig den Gang entlang. Ich öffnete die Glastür des Vorraums zur Intensivstation und als ich die Klingel betätigen wollte, kam Herr Primar

Haidinger herein. „Grüß Gott, Frau Wallner. Die Operation ist gut verlaufen, aber ihr Mann ist von der Narkose noch nicht aufgewacht. Sie können aber schon hineingehen und ihn sanft wecken." Mit großer Erleichterung bedankte ich mich und betrat die Station. Eine Schwester half mir, einen blauen Kittel anzuziehen, und über meine Schuhe musste ich Plastiküberzüge streifen. Nachdem ich auch noch meine Hände desinfiziert hatte, führte mich die Schwester an Herberts Krankenbett. Obwohl ich zuvor von Primar Haidinger auf diesen Moment vorbereitet worden war, überkam mich doch ein großes Mitleidsgefühl, als ich meinen Mann so hilflos schlafend, mit bloßem Oberkörper, beschmiert mit orangegelber Desinfektion, liegen sah. Sein Bauch war der Länge nach mit einem Pflaster beklebt an dem ein Wundtrainageschlauch hing, am rechten Unterbauch klebte ein großer dreieckiger Sack des künstlichen Ausganges. Angeschlossen an Beatmungsgerät, Katheterschlauch, Infusionen und Trainageschläuchen lag er noch in tiefem Schlaf. Sanft drückend nahm ich seine Hand und streichelte über seine Stirn. Müde und sehr langsam öffnete Herbert seine Augen und lächelte. „Hallo, du bist schon da?", sagte er mit leiser, heiserer Stimme. „Ja, ich hab dir doch versprochen, dass ich da bin, wenn du aufwachst", antwortete ich, obwohl ich selber nicht gewusst hatte, ob ich dieses Versprechen auch halten konnte. Ich glaube, dieser Moment war ihm besonders wichtig, denn darüber spricht er heute noch. Einige Stunden blieb ich bei meinem Mann am Bett sitzen. Manchmal öffnete er seine Augen, und seine Schlafphasen wurden allmählich kürzer. Am späten Nachmittag fuhr ich voller Zuversicht wieder nach Hause. Schon einen Tag nach seinem schweren Eingriff, noch an allen Schläuchen angehängt, stand er auf, um sich alleine zu waschen. Wie ein Häufchen Elend, total abgemagert, stand er am Waschbecken. Sein starker Optimismus und der eiserne Überlebenswille beschleunigten seine Heilung. Nach vier Tagen war seine lange Narbe, die von der Magengrube bis zum Schambein reichte, so gut verheilt, dass endlich die Pflaster und Trainageschläuche entfernt werden konnten. Meine Besuche im Krankenhaus waren zur Routine geworden. Jede neue Begegnung brachte wieder erfreuliche Überraschungen. Trotz seiner hageren Gestalt, war Herbert ein echter Kämpfer. Nach und nach wurde er von seinen „technischen Fesseln" befreit, und sein erstes dünnes Süppchen betrachtete er als ein Festmahl. Nur schrittweise wurde sein geschwächter Körper wieder an feste Nahrung gewöhnt. Um mit seinem neuen Lebensgefühl, der Pflege und Handhabung des künstlichen Ausganges, auch zu Hause ordentlich zurecht zu kommen, bekam Herbert das erste Versorgungspaket von einem Bandagisten, mit hilfreichen Tipps und Gebrauchsanweisungen. Bereits zwölf Tage nach seiner Operation konnte ich meinen Mann schon nach Hause holen. Unbedingt wollte er sich selber ans Steuer setzen und freute sich, nach langer Zeit wieder Auto zu fahren. Die Pflege und das neue Gefühl seines Seitenausganges waren aber besonders in den ersten Monaten für Herbert oft sehr schwierig und belastend. Doch das Angebot, eine Selbsthilfegruppe zu besuchen, lehnte er ab. „Ich hör mir nicht auch noch das Gejammere von anderen an. Niemand kann mir helfen damit fertig zu werden." Erst später stellte sich heraus, dass seine Haut Reinigungstinkturen und feuchte Pflegetücher nicht vertrug und Entzündungen verursachte. Erfahrungswerte nehmen oft viel Zeit in Anspruch, aber nach und nach bekam Herbert seine Versorgung in den Griff, und heute ist er oft schadenfroh, wenn ich dringend auf die Toilette muss und er dagegen sein Säckchen leeren kann, wenn sich Gelegenheit dazu bietet. Der 9. Oktober 1987, der Tag seiner Operation, ist auf unserem Kalender rot markiert, er ist sozusagen Herberts zweiter Geburtstag. Dem Tod entkommen, erlebt mein Mann das Älterwerden intensiv, dankbar und bewusst, mit der

Erkenntnis, dass es nicht selbstverständlich ist, alt zu werden.

Schocknacht

13. Mai 1988: Um 1 Uhr dreißig in der Nacht wurden mein Mann und ich durch das Klingeln unserer Hausglocke plötzlich aus dem Schlaf gerissen. „Das wird Peter sein, hat er wieder seinen Hausschlüssel vergessen", war mein erster Gedanke. Es war Samstag. Die Wochenendnächte verbrachte unser 17-jähriger Sohn in Diskotheken, die fallweise sogar ein bis zwei Stunden Fahrzeit entfernt lagen. Selber hatte er noch keinen Führerschein, deshalb war er auf die Mobilität seiner Freunde angewiesen.

Um nachzusehen, wer zu so später Stunde an der Haustür war, sprang ich aus dem Bett, zog meinen Schlafmantel an und öffnete die Tür.

Ich erschrak entsetzlich, denn vor unserer Tür stand die Polizei! „Gottes Willen, was ist los?", fragte ich den bekannten Polizisten aus unserem Ort. Herbert war mittlerweile auch aus dem Schlafzimmer gekommen, als der Inspektor dann mit der Hiobsbotschaft herausrückte. „Ich muss euch leider eine wirklich sehr schlimme Nachricht überbringen. Euer Sohn Peter ist leider mit seinen Freunden verunglückt." Diese Worte trafen uns wie ein Stich ins Herz. „Der Fahrer, Bernhard B., ist mit seinem Auto auf der Strecke Pettenbach nach Vorchdorf mit hoher Geschwindigkeit gegen einen Baum geprallt. Peter ist noch einigermaßen gut davongekommen. Er hat sich durch den Aufprall das Schlüsselbein gebrochen", fuhr der Polizist fort. „Sein Freund aber, der neben ihm auf dem Rücksitz gesessen hatte, Franz A., ist sehr schwer verletzt. Sein rechter Arm ist total zerfetzt." In meiner Aufregung wollte ich natürlich sofort nach Kirchdorf ins Krankenhaus fahren, wo unser Sohn eingeliefert worden war. Es wurde uns aber geraten, bis zum Morgen zu warten, weil die Verletzten versorgt und operiert werden mussten. In großer Sorge gingen wir wieder ins Bett, aber an Schlafen war natürlich nicht mehr zu denken. Bis es endlich dämmerte, hatten wir endlose, qualvolle Stunden verbracht. Um endlich zu erfahren, was wirklich mit unserem Sohn passiert war, rief Herbert im Krankenhaus an. „Wallner Peter sagten sie? Aber der muss doch schon längst zu Hause sein. Er hatte einen Schlüsselbeinbruch und ist längst aus dem Gipsraum entlassen worden", so die Stimme am Telefon. „Das kann nicht sein, unser Sohn ist noch nicht zu Hause", antwortete Herbert. Nach vielem Hin und Her und weiteren Telefonaten stellte sich heraus, dass die Namen der beiden Verletzten vertauscht worden waren, unser Sohn mehrere lebensgefährliche Verletzungen davongetragen hatte und seit Stunden operiert wurde. Unser Kummer war unbeschreiblich. In

Stundenintervallen riefen wir im Krankenhaus an, bis wir endlich Peter besuchen konnten. Acht Stunden dauerten die Operationen, die von seinen großartigen Chirurgen beinahe übermenschliche Höchstleistungen forderten.

Vor der Eingangstür zur Intensivstation empfing uns Doktor Vickhof, der uns mit seiner Diagnose einen Schlag versetzte, den ich nie vergessen konnte. Unter Tränen fragte ich: „Was ist mit seinem rechten Arm?" „Ich bitte sie, vergessen sie den Arm. Es ist noch sehr ungewiss, ob er mit dem Leben davonkommt. Ihr Sohn hat schwere lebensgefährliche, innere Verletzungen, ob er durchkommt liegt in Gottes Hand. Einige gebrochene Rippen der rechten Brustseite haben seine Lunge durchbohrt. Wir müssen, um eine Lungenentzündung verhindern zu können, das angesammelte Blut aus seinem Brustkorb saugen. Weiters sind seine Milz und die rechte Niere gequetscht, und möglicherweise hat er auch noch ein Schädelhirntrauma. Ich habe mir mit Doktor Viehböcks Hilfe größte Mühe gegeben seinen Arm zu retten. Er ist zwölf Mal gebrochen, darunter auch offene Brüche. Ob man nicht doch amputieren muss, ist noch sehr ungewiss, wir haben jedenfalls das bestmögliche getan ihn zu erhalten. Jetzt liegt es an ihnen ihrem Sohn beizustehen, ihn so oft wie möglich zu besuchen und immer wieder mit ihm zu sprechen." Man kann nicht beschreiben, wie man sich in so einem furchtbaren Moment fühlt. Mein Herz spürte ich bis zum Hals schlagen. Aufgeregt und zitternd schlüpfte ich in den blauen Kittel der Intensivstation. Über unsere Schuhe streiften wir Plastiküberzüge, desinfizierten die Hände und gingen langsamen Schrittes zum Bett unseres Sohnes. Obwohl mein Mann und ich darauf vorbereitet wurden, dass Peter noch narkotisiert und an vielen Geräten angeschlossen war, wurde es dann doch grausame Realität ihn so liegen zu sehen. Sein rechter Arm hing in einer Schleife, eingegipst bis zur Schulter. In der rechten Lende steckte ein Schlauch, aus dem das Blut seines Brustraumes in einen Plastiksack tropfte, Finger und Gesicht waren blutverkrustet. Aus dem Katheterschläuchlein floss, wegen der schlimmen Nierenquetschung, blutiger Harn. Der lange Beatmungsschlauch steckte in seiner Nase und eine Infusionsnadel im linken Arm. Er tat mir so leid in seiner Hilflosigkeit, und doch war ich voller Dankbarkeit für sein Überleben, wenngleich es noch keinen Grund zum Jubeln gab. Ich streichelte Peters Stirn, nahm seine gesunde Hand und redete mit ihm. ""Hallo Peter, Du bist hier im Krankenhaus Kirchdorf, weil du einen Unfall hattest." Einige Stunden blieben wir am Bett unseres Sohnes sitzen, wiederholten mehrmals diesen Satz und erzählten von daheim. Dann gab es einen unglaublichen Glücksmoment. Plötzlich öffnete er seine Augen und als ich ihm noch einmal erklärte, dass er einen Unfall gehabt hatte, sagte er mit schwacher Stimme: „Aber das hast du mir doch schon erzählt." Das war die schönste Antwort, die er uns geben konnte, die Bestätigung, dass Peter kein Schädelhirntrauma erlitten hatte. Sein blaues Auge war zum Glück nur ein „Veilchen". Trotzdem schwebte unser Sohn immer noch in Lebensgefahr. Seine durchstoßene Lunge und das Blut, das sich in seiner Brust sammelte, brachten ihn immer wieder zum Husten und Blutspucken. Und doch gab es wieder einen Grund zum Lächeln: „Habe ich meine blonden Locken und meine neuen Mokassins noch?", wollte Peter wissen. Zugegeben, er war ja wirklich ein hübscher Jüngling mit seiner blonden Löwenmähne. Noch sehr müde von der Narkose und den ständigen Hustenanfällen, schlief er bald wieder ein. Die Stationsschwester brachte Stäbchen mit Zitronensirup, die ich Peter zum Lutschen gegen seinen Durst gab. Es war bereits früher Nachmittag, als wir uns von ihm verabschiedeten. Zu Hause wartete eine völlig ungewohnte, neue Herausforderung auf Herbert und mich, die unser Leben grundsätzlich veränderte. Wir hatten das Schwimmbad unseres Orts gepachtet und machten uns zum ersten Mal selbstständig. Die

Vorbereitungsarbeiten für die Saisoneröffnung und Verhandlungen mit Lieferanten verlangten vollsten Einsatz.

Am 15. Mai, also zwei Tage nach Peters Unglück hatten wir den Badebetrieb zu eröffnen. Unseren Sohn zu besuchen war schwierig, aber natürlich vorrangig. Meine Gedanken weilten sowieso die meiste Zeit bei ihm, denn jedes Mal, wenn das Telefon klingelte, befürchteten wir schlechte Nachrichten aus dem Krankenhaus zu erhalten. Es folgten Tage großer psychischer und physischer Belastungen. Schwere, lange Arbeitstage im Betrieb und ständige Sorge um unseren Sohn. Die Besuche in der Intensivstation wurden täglich herzzerreißender. Peter hatte unerträgliche Schmerzen in seinem Arm, den er unter Jammern immer wieder anders lagerte. In gewissen Abständen bekam er zur Schmerzlinderung Morphium verabreicht, das er dann immer öfter haben wollte. „Da schwebe ich dann immer so schön über dem Bett, und die Schmerzen sind wie weggeblasen", sagte er zur Schwester. Vier lange Tage dauerte die Phase der Ungewissheit, bis wir endlich die ersehnte Nachricht aus dem Krankenhaus bekamen: „Ihr Sohn ist über den Berg, er hat es geschafft. Seine Lunge beginnt zu heilen." Ein großer Stein fiel mir vom Herzen, als der Oberarzt mir diese erfreuliche Botschaft mitteilte. „Ob wir jedoch seinen Arm retten konnten, ist noch sehr ungewiss und hängt von seinem Heilungsprozess ab", fuhr er fort. Doktor Vickhoff betonte noch, dass Peter durch seine sportliche Betätigung beim Fußball, Schifahren und Schwimmen eine sehr gut trainierte Lunge hatte, was sein junges Leben rettete.

Nach und nach wurde unser Sohn von seinen Schläuchen befreit, nur der Trainageschlauch aus der Lunge blieb ihm noch längere Zeit erhalten, um das restliche Blut aus seinem Brustraum zu pumpen. Zwei Wochen Intensivstation waren vergangen, als unser Peter in ein normales Krankenzimmer verlegt wurde. Er bekam einen Inhalator, mit dem er mehrmals am Tag Atemübungen machen musste, um eine Lungenentzündung zu vermeiden. Davon bekam er immer starken Hustenreiz und musste Blut spucken. Doch täglich gab es neue Lichtblicke, die schrittweise seine Genesung zeigten. Oft erlebte Peter unseren Besuch nur sehr schleierhaft. Wenn er mit halb geöffneten Augen lächelnd in seinem Bett lag, dann wussten wir, dass er wieder seine „Schwebespritze" bekommen hatte. Als er eines Tages auch noch seine Finger der so schwer verletzten Hand bewegen konnte, war unsere Freude wieder riesengroß. Das größte Glück aber hatte unser Sohn, dass ihn so hervorragende Spezialisten wie Doktor Viebäck und Doktor

Vickhoff operiert und sich alle Mühe gegeben hatten, sein Leben und seinen Arm zu retten. Wie wir später erfuhren, wurde einer der Chirurgen mitten in der Nacht sogar von zu Hause geholt, um die schweren Eingriffe vorzunehmen. Wenn man auch sonst nicht an Engel glaubt, bin ich dennoch davon überzeugt, dass diese beiden Ärzte und ihr Team die Engel unseres Sohnes waren.

Als wir nach mehreren Wochen Peter endlich nach Hause holen konnten, plagten ihn immer wieder große Schmerzen. Das Nervensystem seines verletzten Armes war offensichtlich völlig durcheinander geraten, denn unbegreiflicher Weise schmerzte ihn sogar das Schneiden seiner Fingernägel. Zu viele Verletzungen hatte er davongetragen. In seinem Oberarm steckte zur Stabilisierung des Knochens ein Marknagel, der von der Schulter bis zum Ellenbogen reichte, und die Unterarmknochen waren mit Metallplatten zusammengeschraubt worden. Gegen seine starken Schmerzen gab ich Peter ein Aspirin, das aber schlimme Nebenwirkungen zeigte. Unser Sohn krümmte sich vor Bauchkrämpfen, und Schweißperlen traten aus allen Poren. Ich konnte mir zuerst nicht vorstellen, dass ich durch die Verabreichung eines eigentlich harmlosen Medikaments falsch gehandelt hatte, bis mir bewusst wurde, dass Peter durch die Einnahme von Morphium über längere Zeit abhängig geworden war. Künftig musste unser Sohn seine immer wieder auftretenden Schmerzen ohne Medikamente ertragen. Sein Leid war auch für uns Eltern schwer mit anzusehen. Hilflos zuzuschauen war schrecklich.

Peter verbrachte dann viel Zeit bei uns im Schwimmbad und bei seinen Freunden. Der Kontrolleur der Krankenkasse sah das gar nicht gerne, dass unser Sohn sich im öffentlichen Schwimmbad aufhielt. Gesetzlich war das nicht erlaubt. Immer wieder musste ich dem Beamten erklären, dass Peter verköstigt werden musste, dass seine Hilflosigkeit es erforderte, sein Essen zu schneiden. „Wir sind den ganzen Tag hier beschäftigt, haben unseren Laden zu führen und wohnen eigentlich von früh bis spät hier im Betrieb", war jedes Mal meine Rechtfertigung für unsere Situation, was schließlich doch toleriert wurde.

Sehr schnell lernte Peter seine linke Hand einzusetzen und sogar damit Tischtennis zu spielen, denn seine rechte war noch lange Zeit eingegipst. Der endgültige Abschluss seiner Krankengeschichte dauerte dann noch mehrere Jahre.

Mein Mann und ich sind diesen großartigen Chirurgen, die für uns wahrhaftig „Götter in Weiß" verkörpern, bis in alle Ewigkeit dankbar, dass sie es geschafft haben, unseren Sohn, bis auf einige große Narben, wieder völlig gesund zu machen. Er konnte sogar seine Lehre als Werkzeugmacher fortsetzen und einige Jahre nach der Gesellenprüfung auch die Meisterprüfung absolvieren, war viele Jahre Bautechniker bei der Firma Wolf in Scharnstein, und danach bekam er Arbeit in Vöcklabruck bei der Firma Eternit.

Seit vielen Jahren ist Peter mit seiner Silvia verheiratet, hat sein Eigenheim gebaut und seine Kinder, Lisa, heute 19 Jahre, und Dennis, 11 Jahre, großgezogen.

Unsere Enkelkinder, auch Melissa und Niklas, die Kinder unserer Tochter, machen unser Älter werden zu einem Vergnügen.

Kein Ende in Sicht

Unsere erste Badesaison 1988 ging dann mit zufriedenstellendem Ertrag, sehr arbeitsintensiv, manchmal stressig, aber doch interessant und oft sehr lustig, zu Ende – obgleich der Gewinn nicht zum Jubeln animierte, weil anfangs vieles angeschafft werden musste. Die Küche, die eher einem kahlen Abstellraum glich, musste von Grund auf komplett saniert werden, und neu Einrichtungsgegenstände waren anzuschaffen. Auch sämtliche Elektrogeräte, Geschirr und Besteck, ebenso Waren, Getränkelieferungen und Miete belasteten unser anfänglich noch leeres Geschäftskonto, sodass „unter dem Strich" kein nennenswerter Betrag übrig blieb. Aller Anfang ist schwer, darauf waren wir eingestellt, und auch darauf, dass wir mehrere Saisonen dieses Geschäft führen würden. Doch so manche äußerst positive Lebenserfahrung entschädigte uns für viele Anstrengungen und war um so vieles wichtiger als Materielles. Wir lernten nette Leute kennen, und nicht wenige wurden zu guten Freunden.
Ruhe und Erholung hatten Herbert und ich aber bitter notwendig, die der kommende Winter automatisch brachte. Vorher kam aber noch der Herbst. Unsere Wohnung brauchte dringend wieder einmal „Streicheleinheiten", und unser

schöner Garten zeigte bereits ebenfalls Spuren der Vernachlässigung.

Das nächste traurige Ereignis folgte aber noch vor Weihnachten. Herberts Bruder Ferdinand litt seit mehreren Jahren an einem sogenannten „Raucherbein". Sein lockerer Lebenswandel, dem Alkohol- und Nikotingenuss zugetan, trug wahrscheinlich wesentlich dazu bei. Er musste furchtbar leiden, hatte ständig Schmerzen. Seine Zehen faulten regelrecht ab. Immer wieder versuchte er sich mit Alkohol zu betäuben. Gegen Ende November brachte ihn Herbert ins Krankenhaus. Instinktiv wusste er, dass Ferdinand nicht mehr nach Hause kommen würde. Als mein Mann nach Hause kam, plagten ihn große Schuldgefühle: „Warum habe ich meinen Bruder ins Krankenhaus gefahren?" Von Mal zu Mal ging es Ferdinand schlechter, als wir ihn besuchten. Sein junges qualvolles Leben von fünfundvierzig Jahren endete am 7. Dezember 1988, er starb an Nierenversagen.

Das Jahr 1989 verlief nicht minder tragisch.

Die Arbeiten in der Badeanstalt begannen, wie im Vorjahr, schon Mitte April. Das Reinigen des Schwimmbeckens war, trotz freiwilliger Helfer, ein harter Knochenjob. Die Säuberung sämtlicher Gartenmöbeln, Kabinen, Kästchen, sanitären Anlagen und des Buffets nahmen ebenfalls viel Zeit und Mühe in Anspruch. Bis zur Eröffnung,

Mitte Mai, musste die gesamte Anlage „tip top" sein. Doch die Arbeit funktionierte schon wesentlich routinierter als die Saison zuvor, und das Plus auf dem Geschäftskonto kletterte ein wenig höher. Natürlich zeigte sich erst nach dem Jahresabschluss, was nach Abzug aller Steuern noch übrigblieb.

Oktober 1989: Peters Arm war gut verheilt und, mit eingeschränkter Belastbarkeit auch wieder funktionstüchtig, was Untersuchungen ergeben hatten. Der Operationstermin für die Entfernung aller Metallteile wurde für Anfang November festgesetzt. Die bereits verheilten Narben musste wieder aufgeschnitten werden, und wie das Herausnehmen der Hilfsmittel von statten ging, mochte ich gar nicht erst nachdenken. Jedenfalls war es wieder ein blutiger Eingriff. Nach Operationsende bekam sein rechter Arm den letzten Gips. Einige Tage musste Peter dann noch im Krankenhaus bleiben und war noch nicht wieder daheim, als das Schicksal erneut zuschlug.

Tragischer Todesfall

Seit einigen Jahren war unsere Tochter Sandra mit ihrem Freund Markus zusammen. Herbert und ich zeigten uns anfangs nicht sehr begeistert von Sandras früher Beziehung mit knappen sechzehn Jahren, bis wir doch einsehen mussten, dass ihre Liebe durch nichts zu erschüttern war.
Markus lebte bei seiner Mutter und seinen Geschwistern in Vorchdorf, hatte dort auch seine Arbeitsstelle und war sparsam. Sein Vater starb schon während Markus` Kindheit an einem Herzinfarkt. Oft bedauerte er, dass er ohne seinen Vater aufwachsen musste. Seine Mama, oft überfordert mit vier Kindern, war manchmal sehr streng zu ihm. Markus kam mehrmals auch an Wochentagen zu Sandra. Er fühlte sich sichtlich wohl in unserer Familie, und bald war unser Haus sein zweites Zuhause.
10. November: Der Abend war kalt, frostig und die Straßen verwandelten sich in eisglatte Fahrbahnen. Sandra wartete auf Markus. Es war nicht seine Art sich zu verspäten, ohne anzurufen. Am späten Abend, als Sandra schon schlief, klingelte es an der Haustür. Es war die Polizei mit der erschütternden Nachricht, dass Markus einen schweren Unfall hatte. Knappe zwei Kilometer bevor er unser Haus erreichte, kam er mit seinem

Auto auf der eisigen Fahrbahn ins Schleudern und fuhr an einen Baum. Nebst Knochenbrüchen hatte er eine lebensbedrohliche Kopfverletzung davongetragen und musste danach von unserem Gemeindearzt reanimiert werden, bevor er mit der Rettung nach Linz ins dortige Wagner-Jauregg-Krankenhaus gefahren werden konnte.

Eine schreckliche, schlaflose Nacht folgte. Sandra aufzuwecken, brachte ich nicht übers Herz. Wie üblich weckte ich sie erst am Morgen, setzte mich auf ihre Bettkante und erzählte ihr von dem schrecklichen Unglück. Ihren großen Schmerz brauche ich nicht weiter zu schildern. Sofort wollte sie ins Krankenhaus. Diese Fahrt war begleitet von Gefühlsschwankungen, furchtbarer Angst und doch auch Hoffnung, die uns aber schlagartig genommen wurde, als wir Markus regungslos mit Kopfverband, Beatmungsschlauch und so weiter, liegen sahen. Seine Mama war ebenfalls da, nahm Sandra in den Arm und versuchte sie zu trösten. Nachdem ein Arzt uns erklärte, dass so gut wie keine Rettung mehr bestand, weil sein Gehirn angeschwollen und Markus eigentlich schon gehirntot sei, war der Schmerz, besonders für unsere Tochter, unbeschreiblich. Mit Gedanken voller Trauer mussten wir wieder heimfahren. Wir schmiedeten noch Pläne, dass wir Markus pflegen würden, wenn er nur wieder nach Hause käme. Traurig, nur an Markus denkend, zogen sich die Stunden dahin. Eine leere bedrückende Stille und das lange Warten auf eine Nachricht bestimmten den Nachmittag, bis uns am Abend das Klingeln des Telefons aufschreckte. Es war der erwartete und doch gefürchtete Anruf aus dem Krankenhaus. Markus hatte seinen folgenschweren Unfall nicht überlebt. Unsere Tochter Sandra bekam einen Nervenzusammenbruch. Wie soll man trösten, wo es keinen Lichtblick mehr gibt? Es folgten Tage grenzenlosen Schmerzes. Das Begräbnis eines so jungen Menschen, der das Leben nach 20 Jahren bereits hinter sich hatte, kann man nicht mit Worten beschreiben. An dieses tragische Ereignis möchte ich mich nicht mehr erinnern. Sandras Trauerzeit dauerte Jahre, was Herbert und mir viel Energie kostete, weil sie damals jeden Lebenswillen verlor.

Für Markus letzte Ruhestätte in Vorchdorf, kaufte Sandra einen Engel aus weißem Marmor.

Kontakte in die USA

Wie ich bereits in meinem ersten Buch „Mädchenjahre – Kriegsjahre" geschrieben habe, lebt meine Verwandtschaft mütterlicherseits in den USA. Nach dem Zweiten Weltkrieg und der Odyssee ihrer langjährigen Flucht aus der Heimat, wanderte mein Großvater mit seinen neun Kindern nach Chicago aus. Den Kontakt zu meinen Tanten, Onkeln, Cousinen und Cousins hatte ich stets aufrecht erhalten. Wenn schon nicht regelmäßig, aber doch alljährlich zur Weihnachtszeit, hatte ich mehrere Briefe verschickt und kann mich bis heute ebenfalls über Neuigkeiten aus Übersee mit schönen glitzernden Weihnachtsbillets freuen. Dieses Kitschig-Romantische, das in Amerika allgegenwärtig ist, spiegelt sich in den aufwändig gestalteten Weihnachtskarten wider. Oft bekam ich auch Fotos geschickt, sodass ich mit der Zeit ein ganzes Album vollkleben konnte, ich wusste immer wie alle aussahen, war informiert über Hochzeiten und auch darüber, ob meine Verwandtschaft sich durch die Geburt eines kleinen Cousins oder einer Cousine wieder vergrößert hatte.

Ein großes Ereignis war es natürlich, wenn uns jemand aus Chicago besuchte, was leider sehr selten vorkam. Nur Onkel Hans beehrte uns viele

Jahre hintereinander, oft auch mehrmals pro Jahr, mit seinem Besuch. Damals lebte ich noch mit meinen Brüdern im Elternhaus. Wenn er genug Geld für den Flug gespart hatte, stand er völlig überraschend vor unserer Tür und blieb meist mehrere Wochen, half Papa im Stall, auf den Weiden, oder brachte mit dem Schubkarren Holz in die Küche. Die Abschiede kamen stets genauso überraschend wie seine Besuche. Kurz entschlossen packte Hans dann stets seine paar Sachen und machte sich ohne große Abschiedsszene wieder auf die Heimreise nach Chicago. Mit seiner Frau führte er eine lockere, nicht sehr glückliche, kinderlose Ehe.

Rosali war die erste Schwester meiner Mutter, die uns mit ihrem Ehemann Arnold in den 70er Jahren besuchte. Meine Eltern erkannten sie sofort, als sie unser Gasthaus betrat. Unbeschreiblich war die Wiedersehensfreude. Rosi war eine hübsche, gepflegte Frau und mit dem langen, blonden Haar und ihrer extrem lebenslustigen Einstellung eine überaus sonnige Erscheinung. Ein Wiedersehen nach über zwanzig Jahren war schon eine großartige Überraschung und ein besonderes Ereignis. Arnold, ihr zweiter Mann, hatte zu tun, was Madam wollte. „Na ja, so war sie immer schon, die Rosi", erklärte Mama.

Viele Jahre mussten vergehen, bis Tante Marie und ihr Mann Ken mit Tochter Brecken nach

Österreich reisten und eine Woche bei uns verbrachten. Besonders für Mama war es eine große Freude, ihre lange vermisste Schwester wieder in die Arme zu schließen.

Mamas Geschwister Gerti, genannt Lori, Franz und zum zweiten Mal Marie, besuchten uns im Sommer 1989. Herbert und ich hatten im Schwimmbad zu tun, sodass uns leider nur sehr wenig Zeit für unsere weitgereisten Verwandten blieb. Tante Gerti ist nur ein Monat älter als ich, und bei ihrer Auswanderung waren wir Mädchen junge drei Jahre alt, aber meine Erinnerung an sie ist bis heute nicht erloschen. Sie war ein hübsches Püppchen mit blonden Locken. Vierunddreißig Jahre mussten vergehen, bis wir uns endlich wiedersehen konnten. Beiderseits war die Freude unbeschreiblich, und die Tränen flossen. Sie war mit Mike verheiratet und hatte eine Tochter. Auch Franz, der seine Kindheit damals mit Mama in Jugoslawien verbracht hatte, war ein besonders liebenswerter Mensch. Er war ebenfalls in Chicago verheiratet und hatte einen Sohn namens Franky.

Papa, Mama und ich fuhren mit den Dreien nach Eggenstein und besuchten das Haus am alten Steinbruch, in dem ihre Familie nach der Flucht aus der Heimat Jugoslawien gewohnt hatte. Marie zeigte uns das Fenster ihrer Ein-Zimmerwohnung in dem Gerti geboren wurde. Alle waren tief bewegt und den Tränen nahe. Auch Franz erinnerte sich noch sehr gut und erzählte von der Arbeit im Steinbruch, direkt hinter dem Haus. Erstaunlicherweise hatte er seine Muttersprache nie verlernt. Sein Deutsch war so perfekt, dass man glauben konnte, er wäre nie ausgewandert. Er erzählte von seinen Jobs in den USA. Sogar in einer Goldmine war er eine Zeit lang beschäftigt gewesen. „Seit über zehn Jahren bin ich schon Taxifahrer, aber immer noch muss ich oft den Stadtplan zur Hand nehmen. Chicago ist so groß, dass ich nie alle Stadtteile und Straßen kennen werde", erzählte er. „Es gibt auch Viertel, mit meist schwarzen Bewohnern, die ich meide, weil schon so viele Weiße in diesen Gegenden ausgeraubt und umgebracht wurden".

Es war eine wunderbare Zeit, die wir mit unseren Verwandten verbracht hatten. Lustige, wertvolle Stunden, die ich nicht missen möchte. Es gab so vieles zu erzählen, sodass die paar Tage ihres Besuches bei Weitem nicht ausreichten. Ihr lockerer, amerikanischer Lebensstil erstaunte uns so sehr, dass wir überlegten, irgendwann nach Chicago zu reisen, um alle unsere Verwandten kennen zu lernen. Mama hatte mir oft vorgeschwärmt, wie schön und gut ihre Geschwister lebten, wie beeindruckend die riesige Stadt am Lake Michigan ist. „Macht diese Reise, fliegt nach Amerika, ihr werdet es nicht bereuen", sagte meine Mutter mehrmals.

Auf Messers Schneide

"Was soll ich heute Mittag wieder kochen?" Appetit und Hunger hatte ich auf alles. Ob Süßes oder Saures – egal, denn nach zwei, drei Bissen war meine Mahlzeit sowieso schon wieder beendet. Der morgendliche Blick in den Spiegel schreckte mich jeden Tag von Neuem. Zusehends wurde ich magerer und blasser, und jede Tätigkeit war ein schwer zu überwindender Kraftakt. Seit Wochen täglich dasselbe: Das Essen ist angerichtet, ich setze mich zum Tisch, esse genussvoll den ersten Bissen, dann den zweiten, den dritten. Mein Bauch schmerzt und drückt, als hätte ich eine Fressorgie hinter mir. Ich lehne mich zurück und öffne meinen Hosenbund. Trotz der spärlichen Mahlzeiten, täglich dasselbe schmerzhafte Völlegefühl. Mein Stoffwechsel war auf dem Nullpunkt. Der Hausarzt stellte eine Gastritis fest und gab mir entsprechende Medikamente. Zuversichtlich ging ich nach Hause, doch meine Schmerzen wurden von Tag zu Tag schlimmer. Nachdem der Gemeindearzt alles in seiner Macht stehende versucht hatte, kam ich in die „Tretmühle" vieler Untersuchungen durch Fachärzte. Der Befund des Gynäkologen war negativ – also alles in Ordnung, der Internist stellte eine massive Verstopfung fest, und am

Röntgenbild war nichts Beunruhigendes zu erkennen. Laut Untersuchungen der Fachärzte gab es also keine krankhafte Stelle in meinem Körper, obwohl mich kolikartige Schmerzen beinahe in den Wahnsinn trieben, und meine Belastbarkeit auf dem Nullpunkt war. Ich bemühte mich den Alltag zu meistern, so gut es eben ging. Nebenbei half ich meinem Mann eine große Garage meiner Tante auszumalen. Die Nacht darauf war unerträglich. In meinem Bett krümmte ich mich vor Schmerzen. Nochmals ging ich zum Hausarzt, aber diesmal holte ich mir eine Überweisung für das Krankenhaus. In der Hoffnung, dass endlich die Ursache meiner Schmerzen gefunden wurde, packte ich am Morgen mit Freuden meine Tasche. Es war der 6. 2. 1990, als Herbert mich nach Gmunden ins Landeskrankenhaus fuhr. Nachdem ich ein Bett in der Internen Station zugewiesen bekam, begannen die üblichen Untersuchungen wie Blutabnahme, Harnprobe, Fieber messen, Blutdruckkontrolle und so weiter. Anschließend erhielt ich die erste Infusion zur Schmerzlinderung. An den folgenden zwölf Tagen bekam ich Abführmittel und hing fast ständig am Tropf. Von Tag zu Tag wurde ich schwächer und magerer und hatte dunkle Augenringe. Am zwölften Tag, nach einer vollständigen Entlehrung, konnte endlich mit der notwendigen Darmspiegelung begonnen werden.

Die Röntgenbilder ließen dann eine Veränderung des Dickdarms erkennen. Primar Dr. Zolagides unterrichtete mich über den Befund: „Frau Wallner, sie haben eine Engstelle im Dickdarm und müssen operiert werden. Ich persönlich werde den Eingriff vornehmen, weiß aber, trotz Vorlage ihrer Röntgenbilder, noch nicht, was mich erwartet, bevor ich ihre Bauchdecke geöffnet habe. Bitte vertrauen sie mir und machen sie sich nicht zu große Sorgen."

Was blieb mir anderes übrig, als dem Menschen zu vertrauen, der sich bemühte, endlich meinem Leiden ein Ende zu setzen. Ängstlich war ich sowieso nie. Ich ließ mich sozusagen wie ein Schaf auf die Schlachtbank führen, ohne mir unnötige Gedanken zu machen. Nach der Operation, am 17. Februar 1990, erwachte ich auf der Intensivstation. Schmerzfrei, noch sehr müde und benommen von der Narkose, öffnete ich meine Augen und sah die „Fesseln meines Körpers", viele Schläuche und Apparaturen, an denen ich angeschlossen war. Der Primar stand an meinem Krankenbett und sprach mit sanfter Stimme: „Die Operation ist gut verlaufen Frau Wallner, die genauen Ergebnisse erzähle ich ihnen später. Erst einmal lasse ich sie noch schlafen." Erleichtert schloss ich wieder meine Augen und war für mehrere Stunden im „Land der Träume." Herbert besuchte mich fast jeden Tag. Auch unsere erwachsenen Kinder verbrachten viel Zeit bei mir am Krankenbett.

Zwei Tage nach dem Eingriff bekam ich unerklärlicher Weise hohes Fieber. Die Wundnaht begann schon zu heilen, und es gab keine sichtbaren Zeichen einer Entzündung, doch das Fieber war durch keine Medikamente zu senken. Nach weiteren zwei Tagen bemerkte ein Arzt, dass möglicherweise die Infusionsnadel in meiner Halsschlagader die Ursache für meine hohe Temperatur sein könnte. Die Nadel wurde entfernt und an meinem Handrücken neu gesetzt. Die Entscheidung des Arztes zeigte bald Erfolge. Das Fieber senkte sich. Eine Woche wurde ich auf der Intensivstation bestens versorgt, bis ich wieder auf die Interne verlegt wurde. Tag für Tag machte meine Genesung Fortschritte, aber die Ergebnisse der Untersuchungen waren noch nicht gänzlich ausgewertet. Primar Dr. Zolagides klärte mich über meine äußerst seltene, erkrankte Stelle in meinem Darm auf. Ein etwa zehn Zentimeter langes Stück Dünndarm war in den Dickdarm eingewachsen, wodurch sich eine starke Verengung gebildet hatte. Diese Stelle entzündete sich, die Ursache der Entzündung war ein kleines Stück der Gebärmutter meiner Mutter, das schon seit meiner Entstehung auf meinem Darm festgewachsen war. Auf dieser krankhaften Stelle wuchsen außerdem noch ein paar Zysten, die erst untersucht werden mussten. Wieder Tage voller Sorge und Zweifel, bis der endgültige Befund feststand. Es war wie beim Wetter: Nach Regen kommt Sonnenschein. Ich erfuhr die befreiende Nachricht, die mich emotional sehr bewegte, dass es sich bei diesen Zysten um gutartige Gewächse handelte. Auf die Besuchszeit konnte ich nicht warten, Herbert musste das sofort erfahren und diese große Freude mit mir teilen. Mühevoll setzte ich mich auf den Bettrand, eine Krankenschwester half mir in meine Hausschuhe und begleitete mich langsamen Schrittes in den Flur zum Telefon. Meine lange Operationsnaht spannte, ich fühlte mich schwach und schwindlig. Mein Mann jubelte vor Freude. Zu genau konnte er sich noch an seine Darmoperation erinnern, die erst vier Jahre zurücklag. Auch bei ihm war ein Dickdarmkrebs nicht auszuschließen gewesen. Dasselbe bange Warten auf den Befund hatte sich wiederholt und führte zu einem großen Glücksgefühl.

Bald erholte ich mich, wurde allmählich wieder an feste Nahrung gewöhnt und nach und nach von Schläuchen und Infusionen befreit. Oft besuchten mich Freunde, Bekannte und Verwandte, die mit mir gebangt hatten und sich über meine Genesung freuten. Durch unsere Tätigkeit im Schwimmbad-Buffet hatten Herbert und ich einige Freunde gewonnen, die ebenfalls viel Mitgefühl zeigten. Auch mein Hausarzt hat oft im Krankenhaus

angerufen, um sich über mein Befinden zu erkundigen und mir liebe Grüße zu bestellen. Vierundzwanzig Tage lag ich im Krankenhaus, nachdem mich mein Mann am 1. März wieder nach Hause holte.
Leider ist Herr Primar Dr. Zolagides vor mehreren Jahren verstorben. Ich kann mich nun nicht mehr für sein Bemühen um mein Leben bedanken, aber ebenso verdienen all jene Ärzte und Krankenschwestern, die sich liebevoll um mich gekümmert haben, meinen Dank.
Frau Grubers hellseherische Fähigkeiten hatten sich wieder einmal bestätigt.

Unsere weiteste Reise

1990: Die dritte Saison im Freibad ging ihrem Ende zu. Unsere Reise nach Chicago war beschlossene Sache und längst gebucht. Langsam aber sicher vermischte sich Vorfreude mit Reisefieber. Fast zwei Wochen USA war für uns „Normalbürger" und Flugneulinge schon eine aufregende Sache. Marie, meine Tante, hatte uns eingeladen in ihrem Haus zu wohnen. „Bleibt, solange ihr wollt", hatte sie mir geschrieben. Dankbar nahm ich das großzügige Angebot an und informierte sie über Datum und unsere genaue Ankunftszeit am Flughafen „O Hare" in Chicago. Vorher war aber noch vieles zu erledigen. Die gesamte Anlage im Schwimmbad musste eingewintert, Toiletten und Buffet geputzt, sowie alle Tische und Stühle des Außenbereiches weggeräumt werden. Herbert hatte die Umwälzpumpen und alle technischen Geräte wintersicher zu machen.

Ausgerechnet unsere erste Flugreise war die längste und abenteuerlichste. Aufgeregt, aber doch sehr blauäugig, wagte ich mit meinem Mann Herbert, unserem Sohn Peter und Tochter Sandra, diese zwölftägige Reise. Wir waren ja in guten Händen bei den lieben Verwandten. Man bereitete sich auf unsere Ankunft gründlich vor. Ein großes

Familientreffen und Ausflüge wurden uns zu Ehren organisiert, um unseren Aufenthalt so abwechslungsreich und interessant wie möglich zu gestalten.

Wir wussten ja von Sandra, die 1987 schon in Chicago war, wie sehr sich alle bemüht und über ihren Besuch gefreut hatten. Sie war erst ein Teenager mit fünfzehn Jahren gewesen, und wenn ich damals um die Schwierigkeiten gewusst hätte, sich in dem gewaltigen Flughafengebäude zurechtzufinden, hätte ich sie bestimmt nicht alleine fliegen lassen. Meine Tanten und Onkeln hatten sie großzügig beschenkt. Beim Shopping wurden ihr alle Wünsche erfüllt, sodass sie einen vollen Koffer mehr mit nach Hause brachte. Wie eine Prinzessin kam sie zurück, mit tollem Lederkostüm, Rubinring und vielen anderen Souvenirs und Kleidungsstücken. Marie und Lory flogen samt Kindern mit ihr sogar drei Tage nach Florida. Sandra war begeistert von dem feuchtheißen, tropischen Klima, das sich sehr positiv auf ihr chronisches Bronchialasthma auswirkte. Ihre Schwärmereien schürten unsere Neugier und Sehnsucht nach der Ferne. Besonders für mich war es irgendwann ein Muss, meine Lieben aus Übersee endlich wiederzusehen, beziehungsweise kennenzulernen. Vor allem Onkel Seppi, genannt Joe, Onkel Stefan, Tante

Erika, sowie Onkel Heinrich und Edi, die ich seit meiner Kindheit nicht mehr gesehen hatte.
Der 19. September 1990 war dann der Tag der Abreise. Ein Freund brachte mich samt Familie zum Flughafen nach München-Riem. Bis wir uns endlich in der großen Abflughalle zurechtfanden, das Einchecken hinter uns gebracht hatten und die erste Nervosität in den Griff bekamen, vergingen schon einige Stunden. Wir bestiegen eine Boing 747 der Lufthansa, nahmen unsere Plätze ein und lauschten aufmerksam den Anweisungen der Flugbegleiter, nachdem wir das beeindruckende Erlebnis des Startes hinter uns und eine bestimmte Flughöhe erreicht hatten. Neuneinhalb Stunden Flug bis Chicago lagen vor uns. Alles war neu, aufregend und die Verpflegung an Bord großartig. Der Versuch zu schlafen scheiterte, aber dafür entschädigte mich ein spannender Film. Mit monotonem Brummen der Turbinen glitt die gewaltige Maschine ruhig durch die Luft. Trotz ständiger Bemühungen der Stewardessen, Getränke zu servieren und zollfreie Artikel wie Zigaretten und Parfüms zum Verkauf anzubieten, wurde doch die Zeit sehr lang.
„Dichte Bewölkung über Chicago", ertönte es aus dem Lautsprecher, bevor unsere Boing zum Landeanflug ansetzte.
Endlich aussteigen. Das lange Sitzen im Flugzeug war doch sehr anstrengend. Wie schon berichtet,

hieß uns ein trüber Tag in Chicago Willkommen. Ungeduldig warteten wir auf unsere Koffer, bis sie schließlich nacheinander auf dem Fließband anrollten. Danach war der große Augenblick gekommen. Schon winkten sie uns durch die Glastür des Ausganges, Onkel Franz, Tante Marie und Lory. Mit Freudentränen in den Augen begrüßten und umarmten wir uns. Ein starkes Familienband, das lange Zeit zerrissen war, wurde wieder geknüpft. Voll bepackt bestiegen wir noch im Flughafengelände einen Zug, der uns zum Ausgang führte. Wieder eine neue Erfahrung die uns erstaunte. Doch wo hatte Franz sein Longhorn-Taxi geparkt, mit dem er uns abholen wollte? Unüberschaubar war der riesige Parkplatz – ein Meer von Blechkarossen. Lange musste Franz nach seinem Taxi suchen, bis er uns schließlich sehr stilvoll nach Northbrook, zur Villa von Marie, Ken und Tochter Brecken chauffierte, wo wir die längste Zeit unseres Aufenthaltes wohnten. Ihr Wohlstand spiegelte sich in ihrem geschmackvoll eingerichteten, tollen Zuhause wider. Ein blitzblank geputzter, mit Chromteilen versehener, Jaguar und ein BMW standen in der Garage, und mit dem Rover fuhr Ken in die City zu seiner Druckereifirma. Durch die Küche, ein Traum in Weiß und Schwarz, gelangte man in den Wintergarten, weiter zum großen Pool in die gepflegte Gartenanlage. Neben der zentralen

Küche befand sich ein großes Esszimmer mit antiken Möbeln, das nur für besondere Anlässe genutzt wurde. Eine weitere Tür führte in ein Wohnzimmer, ein weiteres, sehr modern und geschmackvoll eingerichtetes Wohnzimmer erreichte man durch den Vorraum. Im Obergeschoss gab es etliche Schlafzimmer, Toiletten und Badezimmer. Eine wunderschöne, elegante sanitäre Anlage in Schwarz und Gold, sogar mit Gästebuch, befand sich im Erdgeschoss. Meine Frage, wie viele Badezimmer und Toiletten es im Haus gibt, konnte mir Marie gar nicht spontan beantworten. Sie überlegte und begann zu zählen. „Ach, ich denke wir haben fünf Bathrooms." Wir staunten nicht wenig, als sich am nächsten Vormittag ein Gärtner an der Außenanlage zu schaffen machte. Auch eine Putzfrau kam regelmäßig, um das Haus sauber zu halten. „Das ist meine gute Seele", sagte Marie, „sie putzt wie ein Tornado." Ein Livestyle, der uns fremd war. Auf Anhieb fühlten wir uns wohl in diesem tollen Haus von Marie, Ken und Brecken, die überaus freundlich und liebevoll waren. Die erste Nacht ging vorüber und mit ihr das schlechte Wetter. Am Morgen glitzerte das Wasser im Swimmingpool im Sonnenlicht. Nach dem Frühstück hielt mich nichts mehr im Haus. Ich wollte endlich schwimmen, relaxen und Sonne genießen. Die wenigen Stunden am Pool waren ein Vergnügen. Peter sprang vom Trampolin kreischend ins Wasser und spritzte uns nass. Süße, kleine Eichhörnchen tummelten sich im Garten und huschten die hohen Tannen auf und ab. Am Abend fuhr Marie mit uns in ein riesiges Lebensmittelgeschäft zum Einkaufen. Man würde Stunden brauchen, um eine derartige Fülle an Waren zu überblicken. Die Freundlichkeit der Kassiererinnen, die jeden Kunden mit „have a nice day" verabschiedeten, fand ich faszinierend – in Österreich war das nicht üblich. „Man kann hier immer einkaufen, Tag und Nacht. Dieses Geschäft hat nur 24 Stunden pro Jahr geschlossen", bemerkte Marie.

Der 22. September war verplant mit Kultur, Sehenswürdigkeiten und unvergesslichen Eindrücken in Chicago. Wie auf einer dieser Ansichtskarten war bald die großartige „Skyline" der Millionenstadt zu sehen. Wolkenkratzer, die dicht beieinander standen, hüllten schmälere Straßen in ewiges Dunkel. Kein Sonnenschein konnte durch die unzähligen Fenster dringen, die an den obersten Stockwerken nur mehr wie Punkte zu erkennen waren. Jeder konnte sehen, dass ich eine Touristin war. Meinen Kopf ständig nach oben gerichtet, stand ich staunend an den Straßen. Über dem Michigan-River gab es dreistöckige Brücke. Und niemals zuvor sah ich derart gewaltige Züge, wie die Metro mit zweistöckigen Waggons. Wir wurden auch auf den Sears-Tower geführt, der 104 Stockwerke hoch war und indem sich 80 Lifte befanden. Das war zu dieser Zeit das höchste Gebäude der Welt. In so schwindelerregender Höhe erschienen die Autos wie Spielzeuge und die Menschen wie Insekten. Doch wir erlebten nicht nur Luxus, sondern auch hautnah die Obdachlosen, schlafend auf alten vergammelten Matratzen, als krassen Gegensatz zu den Shoppingcentern mit Waren und Luxusgütern in Hülle und Fülle. Zum Mittagessen gingen wir in ein Fast-Food-Restaurant. Kalte Chips zu heißen Burgern traf nicht ganz unseren Geschmack, aber es war scheinbar dort so üblich, dass Kartoffelchips als Beilage zu vielen Gerichten serviert wurden. Sehr rustikal, in einem Strohkörbchen, wurde das Essen aufgetischt, und wollte man Kaffee, dann bekam man immer wieder gratis nachgeschenkt. Großartig Lunch zu kochen, ist in Amerika sowieso nicht üblich. Ist man unterwegs, wird nur schnell Hamburger oder ein Hot Dog gegessen. Kaum eine Hausfrau stellt sich mittags an den Herd. Für einen Schnellimbiss hat man genug Möglichkeiten, nicht zu vergessen, die legendären Mc Donalds und Burger Kings. Ich muss aber zugeben, dass ich nie zuvor und auch niemals danach, so köstliche Hot Dogs gegessen habe, wie in Chicago.

Das nächste Highlight gab es im Brookfield Zoo zu bestaunen. Neben Gehegen mit exotischen Tieren, betraten wir ein riesiges Bauwerk, das die Tierwelt der fünf Kontinente, unter anderem mit Regenwald, Wüste und Sumpfgebiet, darstellte. Eine phantastische Welt mit Flechten, Hängebrücken, Wasserfällen und Felsen mit Farnen, versetzte uns in höchstes Staunen. Im Südamerikanischen Regenwald flogen kreischend Papageien umher. Tapire und Alligatoren bewegten sich in etwa zwölf Metern Tiefe, sodass man als Zuschauer über Hängebrücken wandern und so die Tiere gefahrlos beobachten konnte. Allerlei Vögel und Schmetterlinge flogen umher, und an Felswänden und Bäumen tummelten sich Affen. So imposant und aufwändig dieses Bauwerk auch gestaltet war, so leid taten mir doch diese Tiere, die tief unten im ewigen Dämmerlicht, zum Teil auf Betonboden, mehr schlecht als recht leben mussten, die kein Tageslicht, keine Sonne, keine Herdengemeinschaft in Freiheit erleben konnten.

Auch der Abend wurde uns zu Ehren sehr feudal gestaltet, man lud uns in ein nobles Hotel zum Essen ein. Nach dem mehrgängigen Menü, kam ein Kellner zu uns an den Tisch und fing plötzlich zu singen an. „Das ist die Besonderheit dieses Lokals, dass die Kellner ausgebildete Sänger sind

und die Gäste auch mit ihrem Gesang unterhalten", erklärte Onkel Franz.
Einige Male fuhren wir in die Stadt, und immer wieder gab es neue Attraktionen zu sehen. Wir wanderten den Strand des Lake Michigan entlang, der uns wie ein Meer erschien. Marie führte uns in die Firma ihres Mannes, später in ein Bier Pub, in dem es eine große Auswahl an verschiedenen Biersorten gab und in einen Laden mit Kaffeesorten der ganzen Welt mit den verschiedensten Geschmacksrichtungen wie Vanille, Haselnuss, Schokolade, Amaretto und vielen mehr. In einem tollen, urgemütlichen Fischrestaurant wurden wir mit Hummer, Langusten, Austern und Calamari verwöhnt. Onkel Joe, ein sehr liebevoller, gutaussehender Mann, den wir schon Tage zuvor begrüßen konnten, war ebenfalls mit dabei und zeigte uns, wie man mit „roher Gewalt", bewaffnet mit Hammer und Zange, die Gehäuse der Meeresbewohner knacken konnte. Auf das Gedeck musste man keine Rücksicht nehmen, denn die Tischdecken waren aus Papier und die Teller aus Pappe. Nach dem Essen wurde die Tischdecke an den Ecken genommen und ganz praktisch die ganze Bescherung in den Müll geworfen.
Natürlich wurden wir Österreicher herumgereicht und von mehreren Familien verwöhnt. Einen

weiteren Abend verbrachten wir bei Onkel Stefan und Tante Erika. Die beiden wiederzusehen, war eine große Freude. Sie bewohnten immer noch das kleine, schmucke Haus, das sie sich seinerzeit gekauft hatten. Stets hielten wir Briefkontakt, doch eine Begegnung gab es seit ihrer Auswanderung nicht mehr. In ihrem geräumigen Partykeller verbrachten wir mit dem Großteil der Verwandten einen unvergesslichen, gemütlichen Abend und wurden verwöhnt mit Unmengen an Speisen und Getränken.

Auch bei Tante Lory und Mike verbrachten wir einen herrlichen Abend. Sie hatten ein schönes, neues Haus mit riesigem Kamin im Wohnzimmer, davor eine Sitzgruppe, die nur durch einen Raumteiler optisch von der Küche getrennt war. Vom Schlafzimmer konnte man, wie von einer Galerie aus, das Wohnzimmer überblicken. Onkel Franz und seine Frau Candy bewohnten mit Sohn Franky eine kleine Wohnung in einem älteren Haus. Dass Mama ihren Bruder Franz sehr gern hatte, konnte ich gut verstehen. Er war ein ruhiger, sehr liebevoller, witziger Mensch, dem man nur Freundlichkeit entgegenbringen konnte.

In der schönen, komfortablen Villa von Marie und Ken hieß es nach einigen Tagen, Koffer packen und auf zu „neuen Ufern". Es ging nach Cristal Lake zum Cousin meiner Mutter – Rudi, seiner Frau Dorothe und ihren beiden Kindern.

Eine Nacht schliefen wir im Keller ihres kleinen Bungalows. Am nächsten Tag ging die Reise weiter nach Monee, wo Kathi und Jakob, ebenfalls ein Cousin meiner Mutter, ihre Farm hatten. Sie führten dort ein Rehabilitationszentrum für verletzte Pferde. Das war Sandras Welt. Sich mit Pferden zu beschäftigen war, und ist bis heute, ihre große Leidenschaft. Es gab dort riesige Weideflächen, genug Möglichkeit, die Muskeln der verletzten, wertvollen Renn- und Reitpferde wieder aufzubauen. Es existierte sogar ein großes, rundes Schwimmbecken, das zu Therapiezwecken nur für die Pferde bestimmt war.

Jakob wollte uns mit einer langen Reise zu den Niagarafällen überraschen, doch ich wollte lieber in den Süden. Die Sonne und Wärme Floridas war mir wesentlich lieber, als der kanadische Herbst. Mein Wunsch wurde erfüllt. Kathi schmökerte in Reiseprospekten, suchte einen geeigneten Flug mit Unterbringung und Mietauto, Jakob führte Telefongespräche, und kurze Zeit später wurde die Reise gebucht. Die Nacht war kurz, denn um vier Uhr früh hieß es aufstehen, Koffer packen und zum Flughafen fahren. Nach langen drei Autostunden waren wir endlich angekommen, denn die Fahrt auf der Ladefläche des Pick-ups war äußerst ungemütlich. Nur nicht meckern, denn die Belohnung waren drei Tage lang Sonne, Wärme, Strand. Nach einem angenehmen Flug mit einer kleinen Inlandmaschine, landeten wir ohne besondere Vorkommnisse in Orlando. Wow, war das eine Hitze, als wir aus dem Flugzeug stiegen! Die heiße, feuchttropische Luft war einfach umwerfend. Über 30 Grad Temperaturunterschied gegenüber Chicago entlockte uns ein angenehmes Stöhnen. Jakob organisierte einen Leihwagen und dann begann mit der Quartiersuche. Erstaunlich, wie gut sich Jakob zurechtfand. Noch am selben Tag besuchten wir das Apecut-Center, einen Teil von Disney World. Das war ein Vergnügen für Jung und Alt und ein unvergessliches Erlebnis. Die Tageskarte nutzten wir gründlich aus, aber um alles zu sehen, müsste man zwei bis drei Tage einplanen. Uns hatte der lange Tag voller Eindrücke und schmerzenden Füßen gereicht. Fix und fertig gingen wir nach dem Abendessen schlafen.

Die Gepflogenheiten in den Lokalen kannten wir inzwischen. Wir mussten erst warten, bis uns ein Platz im Frühstücksraum zugewiesen wurde. Nach dem reichhaltigen Frühstück mit Kaffee, Eiern, Toast, gebratenem Schinken und vielem mehr, begann der Tag mit einer wunderschönen Fahrt, vorbei an Bäumen mit Moosflechten, die fast bis zum Boden reichten. Alles wuchs in üppiger Fülle, Blumen und Palmen. Das Gras war sattgrün mit dicken Halmen und Blättern, sodass ich mir nicht vorstellen konnte, auf den Rasenflächen barfuß zu laufen. Bald war der Atlantik zu sehen. Ein faszinierendes Bild bot eine Landbrücke über mehrere Kilometer, beidseitig das Meer. Dann säumten großartige Villen den Straßenrand, bis wir den Strand erreichten. Zu meiner großen Freude verbrachten wir den Tag mit baden und relaxen. Pelikane flogen über den Strand. Es war heiß, obwohl sich die Sonne nicht durch die dichten Dunstwolken quälen konnte. Wir sollten uns trotzdem eincremen, um uns vor Sonnenbrand zu schützen, meinte Kathi. „Aber die Sonne scheint doch gar nicht, wie soll ich da einen Sonnenbrand bekommen?" Erst am Abend bemerkte ich Rötungen an Schultern und Rücken. Nicht schmerzhaft, aber unglaublich. Zu schnell waren die Tage in Florida vorbei. Mit wunderbaren Eindrücken traten wir den Rückflug nach Chicago an, der ebenfalls unvergesslich werden sollte. Lange glitt die Maschine ruhig über den Wolken dahin, bis es heftige Turbulenzen gab, die das Flugzeug durchrüttelten, absacken ließ, und dann wieder hatte man das Gefühl, als ob man auf einer Schotterstraße fuhr. Während der Landung wurde das Flugzeug abermals von einer Böe erfasst, sodass es nur auf einem Rad aufsetzte. Der Pilot meisterte die Situation bravourös, und wir Fluggäste kamen zum Glück mit dem Schrecken davon. Es wurde lange Beifall geklatscht, bis wir mit schlotternden Knien und ängstlicher Miene ausstiegen.

1. Oktober: Der Tag des Abschieds war nun gekommen. Der Abschied von unseren lieben Verwandten und von Chicago. Von Großvater konnten wir leider nur mehr die Grabstätte sehen, und auch Onkel Hans war schon gestorben. Onkel Heinrich lebte mit seiner Familie in Ontario in Kanada, zu weit entfernt für einen Besuch. Tante Rosalie ist nach ihrer Scheidung von Arnold nach Arizona ausgewandert und mein Onkel Edi war schon seit vielen Jahren verschollen. Nach seiner Scheidung brach er jeden Kontakt zu seiner Familie ab.

Eine überaus interessante, großartige Reise, die nicht mit einem üblichen Urlaub zu vergleichen war, ging zu Ende. Keine Minute davon möchte ich missen, aber doch sollte sie in ihrer Einmaligkeit, im wahrsten Sinne des Wortes, einmalig bleiben.

Sonnenfinsternis 1999

Einige Male während meiner Schulzeit hatte ich eine Sonnenfinsternis, damals mit geschwärzten Gläsern, beobachten können, wobei nur ein kleiner Teil der Sonne durch den Mond verdeckt wurde. Eine totale Sonnenfinsternis zu erleben ist tatsächlich ein großartiges, beeindruckendes Naturschauspiel, das man nie mehr vergisst.
11. August 1999: Unser Sohn hatte seinen neunundzwanzigsten Geburtstag und war zum Mittagessen gekommen. An Werktagen verbrachte er seine Mittagspause gerne bei uns.
Obwohl der Morgen und der Vormittag bewölkt und trüb waren, kam doch zu Mittag die Sonne zwischen den Wolken hervor. Herrlicher Sonnenschein. Unvorstellbar, dass es plötzlich dunkle Nacht werden sollte. Nachdem ich das Mittagessen fertig gekocht hatte, stellte ich mich mit meiner Familie auf unsere Terrasse, um dieses einmalige Ereignis nicht zu versäumen. Wir setzten unsere schwarzen Brillen auf und schauten erwartungsvoll in die Sonne. Tatsächlich konnten wir beobachten, wie sich langsam der schwarze Mond davor schob. Allmählich wurde es dunkler, und als Minuten später von der Sonne nur noch ein schmaler Lichtkreis zu sehen war, gingen auf einmal die Lampen der Straßenbeleuchtung an.

Augenblicklich wurde es beängstigend still. Kein Vogel zwitscherte mehr, und die Hühner liefen in den Stall. Man kann sich gut vorstellen, dass Naturvölker solche Phänomene den Geistern zuschrieben. Dieses phantastische Ereignis hatte sich tatsächlich genauso zugetragen, wie es bereits Tage zuvor von den Medien prophezeit wurde. Augenblicklich war es dunkle Nacht, und Minuten später wieder normale, sonnige Mittagszeit.

Hochwasser August 2002

Jedes Rinnsal wird zum Bach,
jeder Bach ein reißender Strom,
einige Tage und Nächte regnet es schon.
Die Erde durchnässt,
nimmt kein Wasser mehr auf,
so nimmt das Unglück seinen Lauf.
Das Wasser steigt und steigt,
überschwemmt die Wälder,
Treibholz schwimmt durch Getreidefelder.
Das Hochwasser steigt immer schneller,
überflutet Straßen und Keller.
Der Fluten Opfer sind Mensch und Tier,
flüchten aus Häusern, verlassen ihr Revier.
Die ganze Landschaft ist ertrunken,
viele Häuser bis zum Dach versunken.
Überall Trauer, Elend und Leid,
alles was den Menschen wichtig war,
ist nun Vergangenheit.
In wenigen Stunden,
das ganze Hab und Gut
in den Fluten verschwunden.
Vieles verloren, alles zu Schrott,
Hunderte Menschen stehen vor dem Bankrott.
Keiner hat je so eine Katastrophe geseh´n,
ohne Zuhause stehen Menschen da,
"Wo sollen wir hin?

was wird mit uns gescheh´n?"
Es wird gespendet im ganzen Land,
Menschen helfen anderen,
die sich zuvor nicht gekannt.

Der Feuerwehr ein großes Dankeschön, die durch ihren enormen, selbstlosen Einsatz unser Haus und noch viele andere in unserer Umgebung mittels Sandsäcken und anderen Hilfsmitteln vor den bedrohlichen Fluten schützen konnte.

Ein ganz normaler Sommer

15. September 2002: Würde ich Tagebuch führen, dann wäre mein Eintrag für diesen Tag: „Heute ist der erste Tag meines neuen Lebens." Ein langer Lebensabschnitt ging zu Ende und ein anderer begann.

Ungezwungen, von jeder Pflicht befreit, sitze ich auf meiner Terrasse und genieße die herrlich warmen Sonnenstrahlen. Während der vielen Sommersaisonen, die ich mit meinem Mann als Pächterin im Schwimmbad tätig war, hatte ich beinahe vergessen, wie schön der Sommer in unserem Ort ist. Vor allem der Sommer 2003 war für mich ein ganz besonderer, der mein Leben wieder völlig umkrempelte. Er war seit langer Zeit der erste, den ich mit viel Muße zu Hause verbrachte. Schon der Mai: Ein echter Wonnemonat, der uns mit vielen warmen, sonnigen Tagen verwöhnte. Und der Juni war sensationell. Heiß, tropisch und nur wenige Regentage. Fünfzehn Jahre lang gab es für mich keinen Sommer, keinen einzigen warmen, schöner Tag, den ich genießen konnte. Ständig war ich für die Gäste da, arbeitete in der Küche und im Buffet. Das Geschäftsleben war nicht einfach, und besonders im Frühling, zu Saisonbeginn, spürte ich oft eine innere Unruhe. Herbert und ich führten aber doch mit viel Freude und Motivation unseren Betrieb. Es gab unzählige schöne Episoden und amüsante Abende. Die Erfahrung der Selbstständigkeit hat mein Leben enorm bereichert. An dieser Stelle möchte ich unseren Gästen danken, die uns viele Jahre lang treu waren und meinen Mann und mich oft mit Lob und netten Worten wieder ermunterten, weiter zu machen. Doch es gibt für alles einen Anfang und ein Ende. Unseres war der Sommer 2002, an dem wir erkannten, dass wir allmählich zu müde wurden. Langsam spürten wir die Schattenseiten des Älterwerdens. Unsere Zeit war abgelaufen, deshalb traten wir diese arbeitsintensive Aufgabe an ein junges, motiviertes Paar ab.

Urlaub in Italien

Jeden September freute ich mich auf Entspannung, Sonne, Sand und Meer. Nicht jedes Jahr konnte ich solche Freuden genießen, doch während der Jahre meines Geschäftslebens hatte ich mit meinem Mann doch einiges von der Welt gesehen. Fremde Kulturen und exotische Menschen kennenzulernen ist doch eine Erinnerung fürs ganze Leben und phantastische Abwechslung vom Alltagsleben. Nun erlebe ich die herrliche Sommerzeit, bewusst und genussvoll wie nie zuvor. Urlaub hat für mich keinen besonderen Reiz mehr. Ist doch jede Fernreise auch mit einigem Stress verbunden. Zu Hause muss alles in Ordnung sein, beim Koffer packen nichts vergessen, termingerecht am Flughafen sein, der Flug an sich, und danach eine meist lange Busfahrt zum Hotel war bestimmt kein Vergnügen. Sobald ich aber das herrlich blaue Meer und den endlosen Strand sah, war aller Reisestress und Übelkeit vergessen.

Eine Woche wollte ich aber doch einmal mit unserer gesamten Familie in Italien verbringen. Ein langgehegter Wunsch meiner Enkeltochter Lisa, am Meer Urlaub zu machen, war für mich Anstoß, diesen Wunsch der gesamten Familie zu erfüllen. Und so erzählte ich an meinem einundfünfzigsten Geburtstag, am 19. Jänner 2003, der Familie von der Idee, gemeinsam eine Woche in Italien zu verbringen. Begeistert stimmten alle zu. Wenige Tage später wurden schon die ersten Urlaubskataloge durchgeblättert und eifrig Preise verschiedener Appartements verglichen. Großen Luxus konnten wir uns nicht leisten, und neun Personen in einer gemeinsamen Wohnung unterzubringen, war auch nicht einfach. Nach längerem Durchblättern der Angebote, unter Berücksichtigung all unserer Wünsche, schrumpften die Angebote auf ein Minimum. Letztendlich entschieden wir uns dann für eine Ferienanlage in Altanea, in Porto Santa Margarita, in der Nähe von Caorle, mit Buchungstermin im Februar und Anreise am 23. August. Eine lange Zeit des Wartens und der Vorfreude begann. Nach dem wunderschönen, heißen Sommer 2003, der uns täglich zum Schwitzen brachte, kam endlich der ersehnte Tag der Abreise.

Für Urlaubsvorbereitungen blieb mir nicht viel Zeit, denn zwei Tage vor Urlaubsantritt stand ich mit Sandra und ihrem Lebensgefährten Toni noch an der Mischmaschine. Wir betonierten das Fundament für eine Mauer um unsere neue Poolanlage. Meine lange Überredungskunst hatte endlich gefruchtet, sodass mein Mann mittlerweile von einem eigenen Schwimmbad genauso begeistert war wie ich. Sein Arbeitseifer war dermaßen groß, dass er den Italienurlaub gar nicht mitmachen wollte, um das Schwimmbecken fertig zu stellen. Aber gerade er hatte ein paar Tage Entspannung nötig, denn man konnte ihm ansehen, dass ihm die schwere Arbeit langsam zu viel wurde.

Gepäck verstaut, Auto vollgetankt, im Haus noch letzte Aufräumarbeiten erledigt, Fenster und Türen verschlossen und nach dem letzten WC-Besuch alle Mann, Sandra, Toni, Enkelin Melissa, Herbert und ich, einsteigen und bereit sein für eine lange Fahrt. Mit unserem Sohn Peter, Schwiegertochter Silvia samt Kindern Lisa und Dennis, trafen wir uns in Steyermühl, tauschten Handynummern aus und fuhren mit zwei Autos los auf die Autobahn Richtung Salzburg – Villach – Tauerntunnel – weiter nach Udine bis nach Caorle. Fahrzeit laut Computerausdruck: etwa sechs Stunden. Großzügig mit sieben bis acht Stunden berechnet und Einplanung einiger Stopps, mussten wir also am frühen Nachmittag um ca. vierzehn Uhr ankommen. Wie meistens, ist Theorie aber nicht gleich Praxis. Toni war der Chauffeur und ich Beifahrerin und Kartenleserin. Unsere kleine Melissa saß ungeduldig aber brav auf ihrem Kindersitz und schlief oft lange Zeit. Die Fahrt innerhalb Österreichs, über Salzburg, verlief reibungslos und ohne Wartezeiten, doch die aktuellen Verkehrsnachrichten aus dem Radio berichteten von sechzehn Kilometern Stau vor dem Tauerntunnel. Vor uns lag ein dreistündiges dahin schleichen im Schritttempo bis vor die Tunnelabfertigung. Eigentlich war ich damals noch ein großer Gegner von Handys. Die ständige Erreichbarkeit empfand ich als Belästigung, obwohl ich doch zugeben musste, dass es manchmal sehr hilfreich sein konnte. So auch in diesem Falle, da wir mit zwei Fahrzeugen unterwegs waren und wir uns gegenseitig verständigen konnten, wenn eine Routenänderung oder ein kurzer Stopp notwendig war. Um den langen Stau auszuweichen, entschieden wir uns für die Strecke über den Katschbergpass. Diese Idee schienen auch viele andere Verkehrsteilnehmer zu haben, die in Richtung Italien unterwegs waren. Peter hatte keine Schwierigkeiten, die steile Passstraße zu bewältigen, doch mit unserem Mitsubishi Spece Star war diese Route eine echte Plage. Bei fünf Personen Besatzung und einem vollen Kofferraum kam der leistungsschwache Motor oft an die Grenze seiner Belastbarkeit. So quälten wir uns Kilometer um Kilometer vorwärts. Hörbar war ein erleichterter Seufzer von allen zu hören, als endlich die Passhöhe erreicht war und die Talfahrt begann. Die mühevolle Strecke kostete viel Zeit, aber wir trösteten uns damit, dass wir wenigstens nicht stehen und endlos warten mussten. „Was soll`s, wir fahren ja auf Urlaub", tröstete ich die anderen. Aus sieben Stunden Fahrzeit wurden zehn, doch wir waren noch lange nicht am Ziel. Erschöpft und hilflos suchend standen wir auf einem Parkplatz in Santa Margarita. Ich ging die Straße entlang, müde, verschwitzt und sehr durstig, als mir eine Warteschlange vor einem Reisebüro auffiel. Das war`s, das Büro „Lampo", das auch auf meinem Buchungsschein vermerkt war. Also stellte ich mich als letzte in die Reihe. Ich wartete und wartete in brütender Hitze, hatte Kopfschmerzen, Durst und ein flaues Gefühl im Magen. Als ich endlich nach einer halben Stunde an die Reihe kam, erwartete mich die nächste Enttäuschung. Eine freundliche junge Dame am Schalter erklärte mir, dass ich am falschen Reisebüro „Lampo" gewartet hatte. „Unsere" Ferienregion befand sich in Altanea, etwa sechs Kilometer entfernt. Das ist eben einer der Wermutstropfen für Selbstfahrer, dass man die Urlaubsadresse selbst suchen muss. Aber irgendwann, am späten Nachmittag, nach wiederholtem Anstellen, bekam ich endlich die Schlüssel für unsere Wohnung ausgehändigt. Nachdem wir in der großen Ferienanlage auch noch unsere Wohnung gefunden hatten, die uns sehr positiv überraschte, und den wunderbare Blick aus dem Fenster auf eine tolle Poollandschaft genießen konnten, entschädigte für das viele Negative der vergangenen Stunden.

Ich ließ mich in die Couch fallen und wusste: „Jetzt beginnt der Urlaub." Eines der wichtigsten Küchengeräte war die Kaffeemaschine, die wir nach dem Einräumen des Kühlschranks sofort in Betrieb nahmen. Das nächste und wichtigste, das wir unbedingt gleich sehen mussten, waren natürlich Strand und Meer. Doch das Faulenzen im Liegestuhl musste täglich verdient werden. Der lange Weg von 800 Metern in Hitze, bepackt mit sämtlichen Badeutensilien samt Luftmatratzen, glich einem Fitnesstraining, bevor wir uns ins Meer stürzen konnten. Sandspielzeug ausgepackt und die Kinder waren in ihrem Element. Nur Lisa hatte sich den Strand ganz anders vorgestellt. Sie vermisste Palmen und strahlend blaues Meer, wie man Südseeidylle von Postkarten kennt. Die Enttäuschung wich aber schnell dem Spieltrieb. Muscheln sammeln, Sandburgen bauen und Wasser plantschen begeisterte nicht nur unsere drei Enkelkinder.

Diese Urlaubswoche war für uns alle die herrlichste Zeit des Jahres, und wir Erwachsenen alberten manchmal genauso herum wie die Kinder. Peter und Toni kauften sich ein Brett zum Wellenreiten und sorgten mit anfänglichen ungewollten Tauchaktionen für viel Amüsement.

Dann schlug das Wetter um, und die letzten zwei Tage wurden so stürmisch, dass wir nur mehr im Swimmingpool badeten. Für Peter und Toni jedoch waren die hohen Wellen eine reizvolle Herausforderung, ihr Geschick im Wellenreiten zu testen.

Zugegeben, man musste auch manchmal kompromissbereitsein, damit wir neun Personen in der gemeinsamen Wohnung, mit nur einem Badezimmer und einer Toilette, zurechtkamen. Zwischen den Kindern gab es fallweise auch Zankereien, ebenso mussten wir Erwachsenen uns erst an ein Zusammenleben auf engstem Raum gewöhnen. Durch notwendige nächtliche Toilettenbesuche wurden oft andere geweckt, und Peter vermisste seine gewohnten Fernsehnächte, weil Herbert und ich auf der ausziehbaren Couch im Wohnzimmer schliefen.

Altanea in Porto Santa Margarita bei Caorle war eine nagelneue Ferienanlage. Die Appartements unverbraucht, das Geschirr sauber, das krasse Gegenteil zu jener Wohnung in Jesulo, die wir Jahre zuvor bewohnt hatten. Doch nachteilig an der neuen Anlage war: kein Buffet am Strand, ein großes Einkaufszentrum erst im Rohbau und eine notdürftige Kinderanimation. Im Großen und Ganzen waren aber alle sehr begeistert von diesem gemeinsamen Urlaub. Wir drei Frauen konnten die wenige Hausarbeit gemeinsam erledigen, und das Kochen war mit einfachen Gerichten schnell gemeistert. Der Strand war nicht überfüllt, wir hatten schöne Liegen,

Sonnenschirme und genügend Platz, was an der oberen Adria eher selten ist. Doch langweilig war es nie. Nachmittags kamen täglich mehrmals Händler mit Eis, Snacks, Körben, Badetüchern und Früchten vorbei. Ihr Verkaufsgeschick und das Handeln der Kunden war oft eine lustige Abwechslung. Leider war am Morgen des fünften Urlaubstages der Blick aus dem Fenster nicht sehr vielversprechend. Dichte Wolken verdeckten die Sonne, und während ich mit Peter zum Supermarkt fuhr um Gebäck, Süßigkeiten und Obst einzukaufen, fing es allmählich zu regnen an. Wir frühstückten in lebhafter Runde, denn die Kinder lärmten und wollten alle gleichzeitig bedient werden. Badespaß konnten wir an diesem Tag vergessen, deshalb beschlossen wir, die Stadt Caorle zu besichtigen. Nur Herbert wollte nicht mit und blieb alleine fernsehend im Appartement. Toni fuhr mit unserem Auto und Peter mit seinem Kombi. Nachdem unsere Fahrzeuge geparkt waren, machten wir uns mit Schirmen und Regenbekleidung auf den Weg Richtung Stadtzentrum. Die Altstadt Caorles hat uns mit ihren schmalen, romantischen Gässchen und den schönen alten Häusern begeistert. Am großartigsten aber fand ich die breite gepflegte Promenade entlang des Meeres, die bis zum Leuchtturm führte. Sie war gesäumt von Steinskulpturen verschiedener Künstler. Auf der

Suche nach schönen Motiven für meine Aquarelle, fotografierte ich drauflos, bis mein Film zu Ende war. Um die Mittagszeit bestellten wir bei einem Imbissstand eine riesengroße Familienpizza, die in Italien natürlich am besten schmeckte. Am späten Nachmittag fuhren wir mit schönen Eindrücken wieder zurück nach Altanea und waren froh, den unfreundlichen Tag so sinnvoll genutzt zu haben. Schneller als erwünscht kam der Tag der Abreise, und wie immer kann man einen Urlaub erst dann abschließen, wenn man zu Hause ist. Mit Müh und Not schafften wir es, das viele Gepäck im Kofferraum zu verstauen. Die Schlüssel des Appartements warfen wir in den Briefkasten des Reisebüros vor Ort, und kurz nach sechs Uhr früh fuhren wir los in Richtung Norden, der Heimat entgegen. Zügig und reibungslos kamen wir während der ersten paar Stunden voran, doch unmittelbar vor dem Autobahnkreuz Udine – Austria – Triest – Slowenien, wurden wir von der Autobahnpolizei in Richtung Triest umgeleitet. Mit großer Unruhe und Unsicherheit bewegten wir uns auf der fremden Strecke, die wieder eine Zeit lang Richtung Süden führte. Unser Irrweg führte an die slowenische Grenze, wo wir einen Fahrplan ausgehändigt bekamen. „Was ist los, warum wurden wir umgeleitet?", fragte ich einen Grenzpolizisten. Er sprach Italienisch, was für uns leider nicht zu verstehen war. Ein PKW mit deutschem Kennzeichen stand auf einem Parkplatz in der Grenzzone. Genauso ratlos wie wir, studierte die deutsche Familie ihre Landkarte und den Plan. „Wissen sie, was da los ist auf der Autobahn?", fragten wir die offensichtlichen „Leidensgenossen". „Nein, wir sind genauso ahnungslos. Typisch Italiener, keiner spricht Deutsch, man wird einfach umgeleitet und muss selber zusehen, wie man weiterkommt", antwortete die Frau. „Aber es wird uns nichts anderes übrig bleiben, als einen weiten Umweg über Laibach zu fahren." Na wunderbar! Das war ein Zeitverlust von mindestens zwei Stunden. Nun, alles schimpfen half nichts, irgendwie mussten wir ja nach Österreich gelangen. Plötzlich bekam unsere Schwiegertochter einen Anruf von zu Hause, von ihrer Schwester, die in den Nachrichten gehört hatte, dass im Kanaltal in Kärnten ein gewaltiger Erdrutsch die Autobahn verschüttet hätte. „Mein Gott, wenn das wahr ist, dann haben wir viele Schutzengel gehabt. Wären wir früher weggefahren, würden wir wahrscheinlich mitten im Katastrophengebiet stecken, oder gar nicht mehr am Leben sein." Ständig hatten wir das Radio eingeschaltet, aber deutsche Nachrichten konnten wir auf jugoslawischen Raum nicht empfangen. Erst als wir uns der österreichischen Grenze näherten, hörten wir vom Erdrutsch im Gailtal. Leise begann ich zu beten, und der lange Umweg war plötzlich Nebensache. Letztendlich standen wir inklusive kurzer Pausen, nach zwölf Stunden Fahrzeit, endlich zu Hause in unserer Garage. Total erschöpft fielen wir ins Bett, ich ließ alles liegen und stehen. Das ganze Ausmaß der Katastrophe konnten wir am nächsten Tag in der Zeitung lesen:

Zehntausende steckten im Unwetter-Stau, nahe der Kärntner Grenze. Drei Menschen kamen ums Leben und es gab Dutzende Verletzte.

Die Schlagzeilen:

Ortschaft von gewaltiger Schlammlawine fast völlig zerstört.

Mehr als 80 000 Menschen waren insgesamt auf der Italien-Österreich-Strecke im Kanaltal in ihren Autos gefangen. Muren hatten die Straßen völlig überschwemmt. Dutzende Fahrzeuge waren unter Geröll vergraben. Menschen, die nach ihrem Adriaurlaub nach Österreich zurück fahren wollten, mussten die Nacht in ihren Fahrzeugen verbringen.

Tatsächlich, wir hatten unglaubliches Glück gehabt!

Obwohl das Meer sehenswert, faszinierend schön, wohltuend warm, gewaltig, aber auch manchmal respekteinflößend wild ist, hatte ich meine Urlaubssehnsucht für eine lange Zeit gestillt.

Rückblickend muss ich gestehen, dass man anderswo sucht, was man zu Hause übersieht. Ein kleiner Strauch in der Wüste wird mehr bewundert, als die Wälder daheim. Ein einfacher Ziehbrunnen scheint bedeutender, als die unzähligen, sauberen Gewässer der Heimat. Natürlich, Geschichte, Bauwerke und Kulturen anderer Länder sind interessant, aber wie viel Interesse zeigt man für heimische Gebäude, in Städten, die man seit Jahren kennt?

Spuren in die Vergangenheit

Die Reaktionen der Leser meines ersten Buches „Mädchenjahre – Kriegsjahre" waren fast so interessant, wie diese Geschichte selbst. Vor längerer Zeit führte ich ein sehr informatives Gespräch mit einem netten Grünauer älterer Generation. In einem Lebensmittelgeschäft sprach er mich an: „Frau Wallner, ich muss ihnen ein großes Kompliment machen. Noch nie im Leben habe ich ein Buch so schnell ausgelesen, wie das ihre. Es hat mich tief bewegt, weil ich selbst während des Kriegs als österreichischer Soldat in Jugoslawien stationiert war. Was sie geschrieben haben, entspricht der Wahrheit. Die furchtbaren Partisanenschlachten habe ich selber miterlebt und kann viele, ihrer Schilderungen bestätigen. Nie im Leben habe ich den grauenhaften Anblick vergessen, als wir Soldaten eine jugoslawische Landstraße in der Nähe eines kleinen Ortes entlanggefahren sind. Viele Deutsche waren auf Leitungsmasten aufgehängt. Diese Opfer waren skalpiert und ihre Kopfhaut über die Gesichter gezogen."
„Einfaches" Hängen wäre den grausamen Schlächtern anscheinend zu milde gewesen. Es musste Blut fließen.

Ein anderer Grünauer Bürger, hatte ein ähnliches Schicksal wie meine Mutter und ihre Familie. Er war ein junger Knabe, als er mit seiner Familie flüchten musste und hatte gesehen, wie ein Deutscher aus seinem Heimatort auf ein Wagenrad eines Pferdegespannes gebunden und so lange mit ihm im Kreis gefahren wurde, bis sein Körper und seine Kleidung in Fetzen vom Rad hingen. Nie konnte er dieses traumatische Ereignis vergessen und wollte sein Leben lang nichts mehr von der alten Heimat hören.

Eine Nachbarin gratulierte mir zu meinem Buch und gestand, dass sie schon lange nicht mehr so sehr geweint hatte, wie beim Lesen dieser rührenden Geschichten. Eine besonders große Auszeichnung bescherte mir auch Herr Sucko, mein Lektor des Denkmayr Verlags. Während meiner Lesung im Schindlbach-Restaurant, hielt er eine sehr lobende Ansprache: „Das ist der Stoff, aus dem die Filme gemacht werden." Er meinte, ich sollte das Drehbuch schreiben. Über diese Anerkennung war ich natürlich höchst erfreut.

Kürzlich redete mich eine Frau aus unserer Nachbargemeinde Scharnstein an: „Ich finde es unglaublich schön, wie sie mit diesem Buch ihre Mutter geehrt haben. Sie haben damit eine bleibende Erinnerung an sie geschaffen, ja, ein richtiges Denkmal gesetzt."

Eines Abends bekam ich einen Anruf, der mich ungemein emotional bewegt und gefreut hat. Ein Cousin von Mama, Toni Braschel, rief mich aus Kanada an. Eine Woche zuvor hatte ich ihm die Biographie meiner Mutter geschickt, die auch sein Leben betrifft. Er lebte mit seiner Familie im selben Ort, in Franztal, in Jugoslawien. Toni war der Sohn von Ferdinand Braschel, der damals von den Partisanen auf grausamste Weise hingerichtet wurde, und auch sein Großvater wurde Opfer der blutrünstigen Mörder. Wir führten ein sehr langes, kostspieliges Gespräch und freuten uns, nach vielen Jahren voneinander zu hören. Toni versicherte mir: Dieses Buch sei für ihn ein Familiendokument, das er immer in Ehren halten würde.

Während einer Weihnachtsausstellung, in der ich mein Buch präsentierte, kam eine Frau an meinen Tisch. Interessiert blätterte sie die Seiten meines Buches durch, in einer Geschwindigkeit, dass ich mir nicht vorstellen konnte, dass sie etwas daraus gelesen hatte. „Waren sie das Mädchen, die Tochter dieser beschriebenen Frau, die das Fliegengift geschluckt hat?", fragte sie und erkundigte sich ausführlicher über den Inhalt meiner Biographie. Sehr erwähnenswert war auch die Geschichte ihres Vaters, der während des Krieges im Partisanen-Einsatz war. Auf sehr seltsame Weise wurde er zu dieser Mördertruppe abkommandiert. Die Versammlungen der SS fanden immer Sonntags während des Gottesdienstes statt. Weil er aber ein gläubiger Christ war, wollte er die heilige Messe nicht versäumen. Seine Beschwerde brachte ihm eine Strafversetzung nach Russland ein, und die Russen übergaben ihn dann an Tito, den Partisanenführer. Also wurde er nach Jugoslawien beordert, sollte als Partisane seine eigenen Landsleute töten und geriet daher in einen großen Gewissenskonflikt. Er war weder Rächer, noch Mörder, und in diesem Einsatzbereich völlig fehl am Platz. Sein Leben wäre zu Ende gewesen, wenn Tito erfahren hätte, dass dieser Mann seinen Befehl missachtete.

Ein Gast aus Wien, der meine Lesung besucht hatte, war so sehr von den paar Ausschnitten meines Buches begeistert, dass er nicht nur für sich selbst, sondern noch drei weitere Bücher zum Verschenken gekauft hatte und bemerkte: „Dieses Buch gehört unbedingt an die Öffentlichkeit. Ich gratuliere ihnen von Herzen dazu und wünsche ihnen viel Erfolg. Dies ist ein Teil der Kriegsgeschichte, die archiviert gehört und somit Teil der Menschheitsgeschichte dieser Zeit ist."

Am Freitag, den 23. Jänner 2004, bekam ich am Abend einen Anruf, der mich tagelang beschäftigte. Herr Gindlstrasser, ein pensionierter Lehrer und aktives Mitglied des Vereins der

Donauschwaben, sprach voll Begeisterung von meinem Buch. Dieser nette Herr hat sich seit mehreren Jahren mit dem Schicksal der vertriebenen Deutschen während der Kriegszeit aus dem jugoslawischen Raum beschäftigt. Er war dankbar, dass ich ein weiteres grausames Schicksal dieser Zeit zu Papier gebracht hatte. Während des langen Gesprächs bekam ich eine äußerst wichtige Information. Es gab für mich eine Gelegenheit, mit einer Reisegruppe die jugoslawischen Gebiete meiner Vorfahren zu besuchen. Dieser Gedanke ließ mich nicht mehr los und wühlte mich auf. Ich bekam tatsächlich das unglaubliche Angebot, den Ort Franztal bei Semlin, wo meine Mutter geboren und aufgewachsen war, kennenzulernen. Auf den Spuren meiner Vorfahren zu wandeln – ein erhebendes Gefühl. Mein Interesse für den Verein der Donauschwaben wuchs. Ich wurde Mitglied, bekam mein erstes Exemplar „Mitteilungen der Landsmannschaft der Donauschwaben in O.Ö." zugeschickt und war sofort von den interessanten Informationen und Erzählungen von Zeitzeugen begeistert. Damit hatte ich einen Weg eingeschlagen, der mich immer weiter hin zu den Wurzeln meiner Ahnen führte. Immer mehr und mehr zu erfahren von den vertriebenen bemitleidenswerten Menschen, war zu meiner Passion geworden. Der Wunsch,

nach Franztal zu reisen, um das Haus meiner Mutter zu finden, wuchs von Tag zu Tag.
Drei Monate später kam die nächste Zeitschrift. Beim hastigen Durchblättern stieß ich auf den Artikel „Reise in die Wojwodina und nach Südungarn". Reiseleiter: Herr Ing. Gindlstrasser. Die Reiseroute: Serbien, Batschka, Banat, bis ins südliche Belgrad und Franztal, Syrmien. Der Termin: 28. April bis 2. Mai 2004. In mir tobte ein Kampf zwischen Entschlossenheit und doch wieder Zögern, bis ich schließlich zum Telefonhörer griff und bei Herrn Gindlstrasser die Reise in die Vergangenheit buchte.
Sonntag 29. Februar 2004: Ein Anruf aus dem Nachbarort Scharnstein wühlte meine Gefühle erneut auf und bestätigte mir ein weiteres Mal die Wichtigkeit meiner Buchveröffentlichung. Eine Frau meldete sich und bedankte sich mehrmals, dass ich diese Geschichte, die sie selber in ähnlicher Weise miterlebt hatte, geschrieben habe. Sie erzählte mir, dass sie die Familien meiner Großeltern, Braschel und Spreitzer, sehr gut gekannt hatte, weil sie die besten Melonen weit und breit gezüchtet haben, die sie damals als Kind immer gerne bei ihnen auf dem Markt gekauft hatte. Um den Reifegrad der Melonen festzustellen, war Mama eine Expertin. Sie hielt die Frucht an ihr Ohr und klopfte mit dem Finger darauf. Der hohle Ton sagte ihr, ob die Melone

reif, also süß und saftig war, oder zu früh gepflückt wurde.

Leider hatte diese nette Dame meine Mutter nie kennen gelernt, obwohl beide die meiste Zeit ihres Lebens nur ein paar Kilometer voneinander entfernt wohnten. „Sie haben unser Leben wunderbar und wahrheitsgetreu beschrieben, das wir damals in unserer alten Heimat geführt haben. Ich danke ihnen vielmals dafür. Diese Geschichte war auch Teil meines Lebens. Damals war ich siebzehn Jahre, als wir flüchten mussten", erzählte sie voll Rührung am Telefon.

20. 4. 2004: Das Telefon klingelte. Der schrille Ton riss mich aus meinem Schlaf. Ein kurzer Blick auf den Wecker – 23 Uhr. Mein Mann hatte schon den Hörer abgenommen. Sehr erfreut rief er mich an den Apparat. Onkel Stefan, der Bruder meiner Mutter und seine Frau Erika meldeten sich nach mehreren Jahren wieder einmal telefonisch aus Chicago. Briefe schreiben wir einander fast jede Weihnachten. Den Anruf hatte ich eigentlich erwartet, denn ich hatte Stefan vor zwei Wochen gebeten, mir die genaue Adresse des früheren Elternhauses aus Franztal in Jugoslawien bekannt zu geben. „Hallo, Tante Erika, ich freue mich riesig, dass du anrufst. Acht Tage noch, dann fahre ich nach Belgrad, dann weiter nach Franztal und möchte gern das alte Haus sehen, in dem meine Mama, Onkel Stefan und ihre anderen

Geschwister geboren wurden." "Hi Regina, auch ich freue mich wieder einmal deine Stimme zu hören. Vielen lieben Dank für dein Buch, über das Leben deiner Mama. Wir haben es mit großer Begeisterung und Freude gelesen, sogar unsere Kinder, die nur schlecht Deutsch können." Wir führten ein langes Gespräch, bevor Erika auch Stefan ans Telefon rief. "Hi Regina, wie geht´s dir? Ich werde das Buch in Ehren halten. Ich danke dir vielmals, du hast so schön über unser früheres Leben geschrieben." "Grüß dich Onkel Stefan. Ich bin sehr glücklich, dass euch das Buch gefällt, auch sehr froh, dass ich es geschrieben habe, und dass die Flucht aus eurer Heimat niemals vergessen wird." Es gab viel zu erzählen. Stefan nannte mir die gewünschte Adresse, Lärchenstraße 13 a. Auch die traurige Nachricht, dass vor bereits zwei Jahren, Onkel Franz gestorben war, musste ich erfahren. Ich war tief betroffen. Onkel Franz war ein sehr netter, liebenswerter Mensch und für Mama einer der Lieblingsgeschwister. Die besten Menschen holt sich der liebe Gott zuerst.

In Chicago musste es früher Nachmittag sein, etwa 15 Uhr, und ich war längst im Bett. Ein Zeitunterschied von etwa acht Stunden, und dennoch konnte ich die beiden am Telefon so deutlich hören, als ob sie aus unserem Nachbarhaus angerufen hätten.

Reise in die Vergangenheit

Der Tag der Abreise rückte näher, und mit ihm eine Portion Aufregung. Besonders diesmal, da ich mit Herbert die Wurzeln meiner Mutter, Franztal, bei Semlin-Belgrad sehen und erleben durfte.
Um Viertel vor 4 Uhr des 28. April 2004 läutete der Wecker. Obwohl ich nicht gewohnt bin, so früh aufzustehen, war ich doch schon vor dem Klingeln wach und checkte noch einmal in Gedanken das Reisegepäck. Dann aber schnell raus aus dem Bett, und rein in die Klamotten. In einer Stunde musste ich fertig sein, mit Frühstück, Brötchen aufbacken, Morgentoilette und für Mittag Jause vorbereiten, weil ein längerer Stopp für die Mittagspause nicht vorgesehen war. Um rechtzeitig zum Abendessen in Novi Sad, Neusatz, so der deutsche Name, einzutreffen, konnten für die Reisegruppe nur kurze Aufenthalte, für Toilettenbesuche und etwas Beine vertreten, gemacht werden. Nachdem Koffer und Reisetasche im Auto verstaut waren, setzte sich Herbert ans Steuer. Um kurz vor fünf Uhr früh fuhren wir los nach Traun. Bei Familie Koller, die ebenfalls diese Reise mitmachte, konnten wir die fünf Tage unser Fahrzeug in der Hauseinfahrt parken. An der nächstgelegenen

Bushaltestelle warteten wir länger als eine halbe Stunde, bis der Bus kam. Wir begrüßten unseren Reiseleiter Herrn Gindlstrasser und die anderen Mitreisenden. Mit Freude bestieg ich den Bus, denn ich hatte nur ein leichtes Kostüm an und musste im kühlen Morgenwind frieren. Nachdem wir unsere zugeteilten Sitzplätze einnahmen, konnte die Fahrt beginnen. Die Reiseroute führte über Wien, durch Ungarn, über die Grenze nach Serbien bis Novi Sad, wo wir in einem Hotel vier Tage nächtigten. Nachdem in Wien-Schwechat die letzten Mitreisenden zugestiegen waren und der Bus mit monotonem Geräusch auf der Autobahn dahinglitt, stellte sich der Reiseleiter vor und bat auch alle anderen Reisenden, sich während der langen Fahrt vorzustellen. Einige Zeitzeugen, die zum Teil die Vernichtungslager mit all ihren Schrecken und Grausamkeiten überlebt hatten, waren mit an Bord und erzählten ihre rührenden Schicksale.

Es ist ungeheuer wichtig, dass die wenigen noch Lebenden dieser Zeit über ihre Geschichten berichten und uns Nachkommen die Schrecken und Auswirkungen des Zweiten Weltkrieges nahelegen. Niemand kann diese Jahre der Angst und der Misshandlungen mit derartiger emotionaler Intensität erzählen, wie die Betroffenen selbst. Herr Gindlstrasser verstand es ausgezeichnet, uns zu unterhalten und selbst die lange Fahrt zu einem Erlebnis zu machen. Gleitend bewältigte der Fahrer Kilometer um Kilometer, und fallweise schienen Stunden wie Minuten. Die kurze Wartezeit vor der ungarischen Grenze nutzten wir, um auszusteigen und einige Schritte zu gehen. Problemlose Passkontrolle – Weiterfahrt durch Ungarn, Richtung Budapest. Um die Mittagszeit packten wir unseren Proviant aus, kauften im Bus Getränke und genossen unsere Schinkenbrötchen. Oft dachte ich an Melissa, unser Enkelkind. Herzzerreißend hatte sie geweint, als wir uns von ihr verabschiedeten. „Oma, wie oft muss ich schlafen, bis ihr wieder heimkommt?", schluchzte sie und trieb auch mir die Tränen in die Augen, „ich will nicht, dass Ihr wegfahrt, ich hab Euch doch so lieb."

Als wir ungefähr die Hälfte unserer Fahrtstrecke hinter uns gebracht hatten, kam ich an die Reihe mich vorzustellen. Herr Gindlstrasser hatte zuvor schon bekanntgegeben, dass ich die Biographie meiner Mama geschrieben habe. Begeistert applaudierten die Reisekollegen und waren dankbar, dass ein weiterer Leidensweg einer Donauschwäbischen Familie bekannt gemacht und für die Zukunft festgehalten worden war.

14 Uhr: Erster längerer Stopp. Kaffeepause an einer Autobahnraststätte in der Nähe von Szeged. Es war eine Wohltat, endlich wieder meine Beine zu bewegen und der Kaffee – eine Gottesgabe,

nach der ich mich seit Stunden gesehnt hatte. Frisch gestärkt war die Weiterfahrt wieder wesentlich angenehmer.

15 Uhr 28 im Bus: Herr Franz Koller, bei dem wir unser Auto geparkt hatten, stellte sich vor. Er war ein Kind von neun Jahren gewesen, als er in das Vernichtungslager Rudolfsgnad in den Banat kam. Getrennt von seinen Eltern hatte er das Glück im Unglück, die Grausamkeiten der Partisanen zu überleben. Das Reden fiel Herrn Koller furchtbar schwer, als er die traumatischen Erinnerungen seiner Gefangenschaft erzählte: „Zu essen bekamen wir nur sehr wenig, und es war eigentlich ungenießbar. Wir erhielten Wassersuppe, dünne Erbsensuppe mit Käfern als Einlage oder Maisbrot, das nur aus Maisschrot bestand und mit Glasscherben gespickt war, sodass wir, trotz unseres ständigen Hungers, nur sehr vorsichtig abbeißen konnten. Auch Reste von toten Mäusen waren im Brot zu finden." Vor Rührung musste er oft seine Erzählung unterbrechen. Zu grausam waren seine Erinnerungen, die er seit sechzig Jahren verdrängt und nie zuvor erzählt hatte: „Ständig weinten wir Kinder um unsere Eltern und vor Hunger", fuhr er fort, „den ganzen Tag mussten wir Holz sammeln und schwere Bündel kilometerweit bis zum Lager tragen. Jede Nacht verhungerten einige Kinder, die eingepackt in Jutesäcken auf dem Flur lagen. Manchmal ragten

Hände und Beine heraus, und wenn wir morgens zum Holzsammeln geschickt wurden, mussten wir über die toten Kinder steigen." Im Bus war es mucksmäuschenstill, viele konnten ihre Tränen nicht zurückhalten. Dennoch, Herr Koller hatte Glück. Er überlebte und konnte mit seiner Schwester und seiner Mutter nach Österreich flüchten. Tagsüber versteckten sie sich und nachts marschierten sie. Ständig in Angst, aufgespürt und gefasst zu werden. Fallweise konnten sie mit dem Zug fahren, die längste Strecke mussten sie aber zu Fuß bewältigen. Zwei Monate dauerte ihre Odyssee, bis sie in Linz ankamen. Das Lager Haid war für lange Zeit ihre neue Bleibe. Familie Koller kam aus Lazarfeld, wo sie zwei Häuser besaßen, die sie durch den Krieg verloren hatten.

Um 15 Uhr 46 hatten wir die Grenze Ungarn – Serbien Montenegro erreicht. An der ungarischen Seite ging die Abfertigung sehr schnell von statten, aber die Grenzpolizei in Jugoslawien war umso kritischer, sodass wir die Grenzstation Putnik erst um 16 Uhr 28 passieren konnten. Herr Bürgermayer bestieg den Bus und begleitete uns während der gesamten Reise durch die Wojwodina. Er erklärte Wissenswertes über Einwohnerzahlen, wie viele Deutsche noch in den Orten wohnten und Interessantes aus der Wirtschaft.

Genauso hatte mir meine Mama Jugoslawien beschrieben. Weites, flaches Acker- und Wiesenland. Kilometerweit keine Besiedelung, dann dort und da kleine Häuser, beziehungsweise doch noch bewohnbare Ruinen. Es ging über holprige Straßen, vorbei an gepflegten Obstplantagen, Gärtnereien und Kleinbauern.
Um 17 Uhr 15 führte die Route durch Subotitza, eine größere Stadt. Die frühere Existenz deutscher Einwanderer spiegelte sich in verzierten Häusern aus der ehemaligen Kaiserzeit wider. Man konnte meinen, der Zweite Weltkrieg war hier erst seit wenigen Wochen vorbei. Die wunderschönen Häuserfassaden waren im Urzustand, also längst renovierungsbedürftig. Unvorstellbar, dass es in der heutigen Zeit noch Menschen gibt, die in halben Ruinen wohnen. Hauptsache ein Dach über dem Kopf – absolut anspruchslos. „Mein Gott", sagte ich zu meinem Mann, „was haben wir für ein Paradies zu Hause, und nur ein paar hundert Kilometer entfernt trifft man auf Behausungen der Nachkriegszeit." Aber Subotitza hatte auch andere Stadtteile mit hohen Wohnblöcken, nicht älter als sechs bis sieben Jahre, dennoch verwahrlost mit schmutzigen Fenstern, kaputten Rollläden und staubigen Fassaden. Die Stadt hinter uns lassend, bewegte sich unser Bus wieder durch sattes Grün. Weites, flaches Ackerland mit Luzerne und Feldern voller

Sonnenblumen, bunte Mais- und Gemüseäcker dominierten. Vereinzelt fanden sich immer wieder Kleinbauernhäuschen, oftmals mit verrostenden Geräten und anderem Unrat im Hof, aber ihre Gärten waren stets penibel gepflegt. Man hatte den Eindruck, die Gärten sind ihr größter Schatz. Kein Wunder, der Großteil dieser Bevölkerung sind Selbstversorger. Gemüse, Getreide, Mais, Kartoffeln und Früchte sind für sie lebenswichtig, werden sorgfältig geerntet, überwintert und sind das ganze Jahr über die wichtigsten Nahrungsmittel. Die von Hand gepflückten Maiskolben lagen aufgestapelt in luftdurchlässigen Holzschuppen.

Oft musste ich während dieser Reise an meine Uroma denken. Ihre größte Freude war die Gartenarbeit, in beinahe grenzenloser, unermüdlicher Ausdauer. Ohne sich einmal aufzurichten oder auszustrecken, konnte sie den ganzen Tag in gebückter Haltung, bekleidet mit mehreren weiten Röcken und schwarzem Kopftuch, bei größter Hitze arbeiten. Ihr Rückgrat war seit ihrer Kindheit an diese Arbeit gewöhnt. Kaum ein anderes Volk verstand die Garten- und Feldarbeit derart hervorragend und versah sie so hingebungsvoll wie die sogenannten Donauschwaben, die deutschen Einwanderer im ehemaligen Jugoslawien. Die Fleischversorgung stammte ebenfalls hauptsächlich aus eigener

Produktion. Sie fütterten Schweine, Schafe, Ziegen, Hühner, Enten und Gänse. Rinder hielten nur größere Bauern.

Herr Bürgermayer erzählte uns dann, dass die „Normalbürger" heute noch genauso leben wie vor hundert Jahren. „Die gesamte Wirtschaftslage ist sehr schlecht, Arbeitsplätze rar. Es gibt unglaublich viele Arbeitslose."

Wohl oder übel müssen sich diese Leute selbst versorgen. Besonders die Volksdeutschen haben noch heute ein schweres Dasein, indem sie nach dem Zweiten Weltkrieg Ausländer in ihrer eigenen Heimat waren. Immer noch werden sie von den Serben angefeindet. Heute gibt es nur mehr eine kleine Minderheit deutscher Herkunft. Einige wenige, die die Vernichtungslager überlebt haben und andere aus Mischehen, sind in ihrer Heimat geblieben.

Ankunft in Novi Sad im Hotel Putnik um 7 Uhr 15. Nach dem äußeren Eindruck des Hotels, war die Eingangshalle unerwartet nobel. Wir gaben die Reisepässe ab und bekamen den Zimmerschlüssel mit der Nummer 510.

Nachdem wir den Aufzug samt Gepäck verlassen und einen düsteren Flur betreten hatten, zeigte sich das Hotel von einer anderen Seite. Ockergelbe, fleckige Textiltapeten „zierten" die Wände und ein dunkelbrauner Teppichboden, der sicher vieles erzählen könnte, hatte die besten

Zeiten längst hinter sich. Unnützerweise stand auch noch eine braune, speckige, sehr zerschlissene Ledersitzgruppe im Vorraum. Das Schlafzimmer war sehr geräumig, mit einer halbrunden hohen Fensterfront, aber mit total verdreckten oder trüb gewordenen Glasscheiben, die einen Durchblick fast nicht ermöglichten. Weiters gab es vergilbte, schmutzige Vorhänge und denselben fleckigen, dunkelbraunen Teppichboden wie im Flur. Räumlichkeiten, die ihr Verfallsdatum längst überschritten hatten. Die Betten aber waren sehr angenehm. „Na ja", äußerte sich mein Mann, „vier Nächte können wir´s da schon aushalten, vorausgesetzt wir halten die Staubbelastung aus." Schnell machten wir uns frisch und gingen zum Abendessen. Im Flur beschwerte sich ein Ehepaar wegen der schmutzigen Fenster. Sie bekamen ein anderes Zimmer zugeteilt, dessen Fenster auch nicht sauberer waren, und noch dazu gab es „Mitbewohner": schwarze Käfer im Bad und Schlafraum.

Nach dem reichhaltigen, sehr guten Abendessen machten wir noch einen Rundgang durch die Innenstadt. Unglaublich viele Jugendliche veranstalteten auf dem Stadtplatz eine Open Air-Disko. Schön gekleidete, hübsche junge Leute vergnügten sich hier jeden Abend, doch pünktlich um 22 Uhr war Schluss mit dem Radau.

Die erste Nacht im Hotel Putnik endete schon um 6 Uhr 30. Übermüdet von der langen Anreise hatte ich sehr gut geschlafen. Nach dem Frühstück startete der Bus um 8 Uhr zur Rundreise durch den Banat. Rudolfsgnad, Knicanin, das frühere Vernichtungslager, war der erste Ort, den wir mit großer Betroffenheit durchfuhren, erzählte doch Herr Koller seine grausamen Erlebnisse, die er als Kind in diesem Lager erlebt hatte. „Hier, das ist das Gebäude, das Kinderlager, in dem wir gefangen waren. Es sieht noch genauso aus wie damals!", rief Herr Koller, „grauenhaft, was sich in diesem Gebäude ereignet hat."

Aber wo war das Vernichtungslager der Erwachsenen? Suchend schaute ich abwechselnd rechts und links aus den Busfenstern, doch ich sah nur kleine Wohnhäuser und keine alte Holzbaracke, wie ich mir diesen Ort des Verbrechens vorgestellt hatte. „Wo ist denn hier das Lager?", fragte ich den Reiseleiter. „Überall war Lager, jedes Haus, der gesamte Ort", antwortete Herr Gindlstrasser, und einige Betroffene, die ebenfalls Gefangene eines Vernichtungslagers waren, bestätigten das. Es gab keine Umzäunung. Das Gelände um den Ort wurde von vielen Partisanen bewacht. Die Besitzer der Häuser wurden entweder verjagt, oder ebenfalls zu Gefangenen in ihren eigenen vier Wänden. Alle Häuser wurden mit durchschnittlich zwanzig Personen vollgestopft. Mit Peitschen zusammengetrieben wie Tiere, geschlagen mit Gewehrkolben, wurden die Volksdeutschen aus ihren eigenen Häusern der umliegenden Dörfer verjagt und viele Kilometer zu Fuß bis Rudolfsgnad getrieben. 3200 Personen lebten ursprünglich in Rudolfsgnad, mit den Internierten waren es in etwa 20000. Hockend mussten sie auf Stroh schlafen, denn zum Liegen war viel zu wenig Platz. Die Bestanddauer der Gefangenenlager war von Oktober 1945 bis Mitte März 1948. Es gab mehr als 11000 Todesfälle allein nur in diesem Ort. Die hauptsächliche Todesursache war zu der Zeit Typhus, Malaria und Verhungern.

Erstaunte und misstrauische Gesichter starrten auf unseren Bus, als wir durch den Ort fuhren. Wir besichtigten die Gedenkstätten des Grauens. Auf dem alten, verwahrlosten Friedhof der deutschen Siedler waren viele Grabsteine, zum Teil zerstört oder von selber umgefallen, aber ihre Namen noch leserlich. Eine große Gedenktafel stand hinter dem Friedhof auf einem Massengrab, mit der Inschrift: „Hier ruhen unsere Mitbürger deutscher Volksangehörigkeit, die an Hunger, Krankheit und Kälte im Lager Rudolfsgnad 1945 bis 1946 gestorben sind. Sie mögen in Frieden ruhen."

Betroffen stand ich vor der Gedenktafel, wissend, dass unter meinen Füßen hunderte menschliche Gebeine in der Erde lagen, die gepeinigt, gefoltert, verhungert oder erschossen wurden. Ihr grausames Schicksal hat man mit ihnen begraben. In der Friedhofskapelle schrieb ich meinen Namen in ein Buch, das auf einem Tisch gelegen hatte. Die nächste Gedenkstätte, die Teletschka, befand sich auf einem großen Feld, ebenfalls in Rudolfsgnad. Auf einem riesengroßen Hügel befanden sich ein hohes steinernes Kreuz und drei Tafeln mit Inschriften. Eine, die besonders treffend für unsere Vorfahren war, notierte ich mir: „Nicht mit dem Schwerte, mit der Pflugschar erobert, Kinder des Friedens, Helden der Arbeit", von Stefan Augsburger. Das Denkmal wurde vom Verein der Donauschwaben errichtet. Ein schauerlicher Gedanke ergriff mich, als der Reiseleiter erklärte: „Wir stehen hier auf einem Massengrab, in dem 8000 Menschen deutscher Abstammung begraben sind." „Stell dir vor, das sind vier Mal so viele, wie die Einwohnerzahl unseres Ortes", sagte ich zu meinem Mann. Ehrfürchtig sangen und beteten wir, während zwei Frauen Blumen zum Fuß des Kreuzes legten. Wie viel Trauer, wie viel Elend für die Überlebenden brachte dieser furchtbare Krieg? Und die meisten Opfer – unschuldige Bürger, wie Kinder, Frauen und auch alte Menschen. Für mich waren diese gottesfürchtigen, auf so grausame Art und Weise ermordeten Menschen, Märtyrer, und Patrioten, die trotz aller Schmerzen und Grausamkeiten, die ihnen zugefügt wurden, ihre Herkunft und ihre Religion nicht verleugnet hatten.

Wieder im Bus, setzte sich eine Mitreisende auf die vordere Sitzbank, nahm das Mikrofon und erzählte uns ihre traurige Geschichte: „Ich war dreizehneinhalb Jahre, als ich mit meiner Schwester ins Lager Rudolfsgnad gebracht wurde. Der Boden des kleinen Raumes war mit Stroh belegt, wie in einem Schweinestall. Meine Schwester wurde mit Waffengewalt gezwungen, sich ins Stroh zu knien, anschließend wurde sie weggebracht und kam nicht mehr wieder. Tage später hieß es, meine Schwester sei an einer Krankheit gestorben. Mir war klar: Sie wurde umgebracht. Nun war ich ganz alleine. Mein Vater wurde schon zuvor nach Russland verschleppt und meine Mutter in die Batschka. Es ging uns Kindern sehr schlecht in diesem Lager. Wir mussten sehr schwer arbeiten und bekamen oft den ganzen Tag nichts zu essen. Dann gab es Erbsensuppe mit kleinen Käfern oder dünne Wassersuppe, wie schon Herr Koller erzählt hat. Jeden Morgen kamen Männer mit Pferden und Leiterwägen vor die Häuser, um die Toten einzusammeln. Viele Kinder und alte Leute, die Nacht für Nacht gestorben waren, wurden kreuz und quer auf den Wagen geworfen und zum Massengrab gefahren. Köpfe, Beine und Arme hingen über den Wagenrand. Ich überlebte, aber vergessen kann ich nie. Das Lager wurde 1948 aufgelöst, und eines Tages traf ich nach vielen Hindernissen und Umwegen endlich meine Eltern wieder."

Die gefangenen Frauen in Rudolfsgnad kochten Gräser, Blätter der Bäume und alle Tiere, die sie fangen konnten, auch Mäuse, Ratten, Hunde und Katzen. Als die Partisanen bemerkten, wie diese Frauen ums Überleben kämpften, war bald im ganzen Lager nichts mehr zu finden. Das Gras wurde gemäht, von den Bäumen blieben nur die Stämme stehen und Tiere gab es auch bald keine mehr in ganz Rudolfsgnad.

Die Fahrt ging weiter nach Werschetz, nahe an der Rumänischen Grenze gelegen, wo Frau Baumgartner, eine Mitreisende aus Traun, geboren wurde. Sie war ein Mädchen mit fünf Jahren, als die Partisanen eines Morgens in ihr Elternhaus stürmten.

„Aus Angst vor den grausamen Schlächtern konnten meine Eltern seit Tagen nur mehr wenig Ruhe finden und gingen sehr spät zu Bett. Deshalb schliefen wir noch alle, als eines frühen Morgens die Partisanen lautstark in unser Haus eindrangen. Meinen Eltern wurde befohlen, für zwei Tage Kleider einzupacken und in einer

halben Stunde fertig zu sein. Mama packte auch unsere Papiere ein, ging noch in den Stall und fütterte die Hühner und Schweine. Wir gingen zur Tür hinaus, schlossen ab und mussten den Hausschlüssel abgeben. Zuerst wurden wir in ein Sammellager gebracht, später kam ich mit Mama und meiner kleinen Schwester in das Todeslager Mariolana. In kleinen Räumen wurden wir zusammengetrieben wie Tiere. Es herrschten dort katastrophale Zustände. Wir bekamen verdorbenes Essen und Wassersuppe. Die meisten jungen Männer aus unserem Dorf wurden erschossen. Mein Vater wurde nach Russland verschleppt. Mama kleidete sich wie eine alte Frau, band ein schwarzes Kopftuch bis über die Stirn und vermied den Blickkontakt mit unseren Peinigern. Nach vielen Tagen Angst und Hunger, gelang es meiner Mutter mit uns zu flüchten. Tagsüber schliefen wir in Maisfeldern oder Gebüschen, und nachts marschierten wir weiter. An mondhellen Nächten war es sehr gefährlich entdeckt zu werden. Erst nach vielen Wochen überschritten wir die Grenze nach Österreich."
15 Uhr: Ankunft in Werschetz. Wir besichtigten die Kirche, die unglaublich schön, reich verziert und mit Fresken bemalt war. Im Jahre 1863 erbaut, mit mehreren Altären, Nieschen und Statuen, ist sie bis heute in ihrer ganzen Pracht erhalten und die schönste gotische Kirche im

Banat. Frau Baumgartner machte, sichtlich gerührt, einen Rundgang durch die Kirche. Ihre Erinnerungen an die Kindheit und die Kriegszeit lösten große Emotionen in ihr aus. Tiefes Mitgefühl brachte auch mich zum Weinen.

15 Uhr 30: Eine lange Bergfahrt führte zum Schlossberg, auf dem eine sehr verfallene Ruine thronte. Der Fels, ein Schiefergestein von wunderschöner Beschaffenheit, glänzte in den verschiedensten Farben. Eine Augenweide für meine Leidenschaft zur Geologie. Von der Ruine hatte man einen fantastischen Überblick auf das Städtchen Werschetz, das wir anschließend nochmal durchfuhren, denn Frau Baumgartner besuchte das Haus ihrer Kindheit. Sie stieg aus dem Bus und wurde von den heutigen Bewohnern freundlich empfangen. Wir anderen Mitreisenden besuchten inzwischen den Stadtpark. Herr Gindlstrasser wollte uns die Büste eines wichtigen Freiheitskämpfers von damals zeigen, doch leider war nur der Steinsockel vorhanden. „Jetzt seht euch das an", entsetzte sich unser Reiseleiter, „erst vor einem Jahr wurde diese Büste hier wieder aufgestellt. Das war sicher wieder das Werk der Serben, die bis heute viele Denkmäler der Volksdeutschen vernichten. Diese Feindseligkeit hört in diesem Land wahrscheinlich niemals auf." Dann kam auch schon Frau Baumgartner vom Besuch ihres Geburtshauses zurück. Sehr

enttäuscht wegen vieler negativer Veränderungen, berichtete sie: „Der schöne Brunnen im Hof ist zugeschüttet und der Raum, in dem ich geboren wurde, ist voll mit Gerümpel. Ich weiß nicht, ist das ein Abstellraum, oder wohnen diese Leute in so einer Unordnung. Auch der Holzschuppen, Papas Tischlerwerkstätte, ist abgerissen und der gesamte Innenhof verwahrlost. Ich bringe nur Enttäuschung mit nach Hause. Das Kapitel `Alte Heimat´ ist für mich abgeschlossen."
Ein ehemaliger Volksdeutscher, der uns durch Werschetz führte, erzählte traumatische Erlebnisse seiner Kindheit: „Meine Eltern blieben so lang als möglich mit uns im Haus. Immer in der Hoffnung, dass der Terror bald ein Ende nehmen würde. Doch es kam der Tag, an dem die Partisanen auch in unser Haus stürmten. Meinen Vater verschleppten sie nach Russland. Zum letzten Mal schaute ich ihm in die Augen. Er kam nie wieder. Ich war ein Bub von elf Jahren, als ich mit meiner Mutter zunächst in das Sammellager der Flughafenhalle Werschetz kam. Tage später – Abtransport in ein Vernichtungslager. Sämtliche Häuser des Dorfes wurden überfüllt mit Gefangenen. Wie die Tiere schliefen wir auf dem kalten Fußboden. Dicht schmiegte ich mich an meine Mutter, um mich an ihrem Körper zu wärmen. Eines Morgens aber spürte ich keine Wärme mehr. Ihre Hand, ihr Gesicht, ihr ganzer

Körper fühlte sich kalt an. Meine Mutter war tot. Ich wurde zum Waisenkind. Als einzige Verwandte hatte ich noch eine kleine Nichte von fünf Jahren, die ebenfalls im Lager war und genau wie ich, Waise. Meine neue Aufgabe wurde es, mich um sie zu kümmern. Wir sind unzertrennlich gewesen. Ich war ihr Vater, Mutter und guter Freund, bis wir eines Tages die nächste Grausamkeit zu spüren bekamen. Man zerrte meine kleine Nichte von mir weg. Sie weinte so herzzerreißend, dass ich auch weinen musste. Schließlich kamen wir, getrennt für immer, in Waisenhäuser. Dann gab man mich in die Schule, ich durfte sogar studieren und konnte in meiner Heimat bleiben, doch was mit meiner Nichte geschehen ist, weiß ich bis heute nicht."
Unsere nächste Station in der Vergangenheit war Lazafeld, der Heimatort von Franz Koller und einer Frau Elisabeth A. Eine alte Frau mit Kopftuch schaute zaghaft aus dem Eingangstor von Herrn Kollers Geburtshaus, war aber nicht bereit ihn einzulassen.
Der 30. 4. war dann mein großer Tag. Wie die Tage zuvor ging die Fahrt um acht Uhr nach dem Frühstück los, diesmal Richtung Belgrad. Diese Strecke war schon wesentlich dichter besiedelt als die Gegend im Banat und in der Batschka. Aus aktuellem Anlass hielt ich im Bus eine kurze Lesung aus meinem Buch „Mädchenjahre –

Kriegsjahre". Die meisten Mitreisenden konnten sich mit der Geschichte meiner Mutter identifizieren und wussten, dass alles, was ich zu Papier gebracht hatte, der Wahrheit entspricht. Es wurde heftig applaudiert, viele bedankten sich für diese Veröffentlichung, und ich konnte auch einige Bücher verkaufen.

Nachdem wir bereits einige Orte durchfahren hatten, las ich das Ortsschild „India". „Mein Gott", sagte ich zu meinem Mann, „das ist India, die Familie Keil und Sutor, die meine Uroma oft besucht hatte, haben hier gelebt." Immer weniger Kilometer trennten mich vom Ort meiner Vorfahren.

Schon um 9 Uhr 35 erreichten wir Semlin, eine große Stadt, die von Belgrad nur durch die Donau getrennt ist. Wir trafen dort auf einen jungen Reiseführer, der uns Sehenswürdigkeiten und Geschichtsträchtiges von Semlin und Belgrad zeigte. Herr Gindlstrasser führte uns zum Salzamt von Semlin, das ich mit Schrecken betrachtete. Hier war also das Gebäude des Grauens, in dem über 200 Deutsche getötet wurden. Alle Deutschen die nicht flüchten und ihre Häuser verlassen wollten, darunter auch mein Großonkel Ferdinand Braschel, wurden massakriert. Mit Fleischerhaken hat man sie an den Füßen aufgehängt und ihre Gurgel durchgeschnitten. Die

Deutschen Siedlungen wurden auf diese Weise regelrecht leergeräumt.

Nachdem wir auf einer breiten Brücke die Save überquert hatten, entsetzte uns der Anblick von zerbombten Gebäuden rechts und links der Straße, und zum Teil lehnten ganze Häuserwände an noch stehenden. Mahnmale aus der jüngsten Kriegszeit, die nie beseitigt wurden. Eine Statue von Prinz Eugen, hoch zu Ross, stand vor einem Amtsgebäude. Er war ein großer Kämpfer, der Jugoslawien von der Türkenherrschaft befreit hatte. Im Großen und Ganzen ließ ich die Besichtigung Belgrads mit Ungeduld über mich ergehen, denn ich wollte so schnell als möglich nach Franztal, meine Gedanken waren schon vorausgeeilt zum Ort meiner Vorfahren. Längst hatte Herr Gindlstrasser den Reiseführer beauftragt, meinen Mann und mich nach Franztal zu bringen, doch dieser konnte es nicht lassen, uns noch dieses und jenes und zum Schluss noch eine orthodoxe Kirche zu zeigen. Es blieb mir nichts anderes übrig, als missmutig mit zu marschieren, nachdem ich ihm mehrmals gesagt hatte, dass ich mindestens eine Stunde in Franztal sein möchte. Endlich bestiegen wir eine alte Klapperkiste, die sich Taxi nannte, und die ersehnte Fahrt begann. Erstaunlich schnell waren wir im Ort meiner Vorfahren angekommen. Angesichts des weitläufigen Ortsbildes verblassten meine Vorstellungen. Die genaue Adresse des Geburtshauses meiner Mama, Lärchenstraße 13a, hielt ich in meiner Hand. Hilflos suchend fotografierte ich einige alte Häuser, deren Verzierungen an deutsche Siedler erinnerten. Ich musste mir eingestehen, dass ich für diese Suche viel zu wenig vorbereitet war, denn deutsche Straßennamen gibt es längst nicht mehr. Sechzig Jahre nach dem Krieg waren natürlich sämtliche Straßenschilder serbisch beschrieben. Ich musste leider auch feststellen, dass dieser junge Reiseführer in Franztal völlig fehl am Platz, also keineswegs ortskundig war. Er hatte auch keine Ahnung, wie ich meine Adresse finden konnte. „Irgend ein Amt musste doch die alten Adressen archiviert haben", dachte ich. Als plötzlich eine Frau aus ihrem Haus kam und einige Worte Deutsch sprach, schöpfte ich wieder neue Hoffnung. Doch die ehemalige Lärchenstraße kannte auch sie nicht. Nachdem ich auch die alte Schule nicht finden konnte, musste ich mich damit zufrieden geben, dass ich wenigstens die Straßen entlanggegangen bin, die bestimmt meine Mutter, meine Großeltern und Urgroßeltern schon betreten hatten. Ein schwacher Trost. Wie erwartet drängte dann auch die Zeit und zu guter Letzt fing es dann auch noch heftig zu regnen an. Meine Füße schmerzten und die Enttäuschung war groß. Also bestiegen wir das Taxi, das uns nach Semlin zurückbrachte. Nachdem wir dort bei strömenden Regen den Bus bestiegen hatten, musste ich der Reisegruppe gestehen, dass meine Suche erfolglos war und ich eigentlich nichts zu erzählen hatte.

Weiterfahrt nach Mitrowitza um 15 Uhr. Eine bis heute erhaltene Stätte des Grauens erwartete uns in diesem Dorf. Neben dem Fußballplatz stand eine Holzbaracke, es handelte sich dabei um das ehemalige Vernichtungslager. Daneben befand sich das Massengrab. Noch immer sehr frustriert, mit schmerzenden Füßen, blieb ich alleine im Bus sitzen, ohne zu ahnen, was ich versäumen würde.

„Das war eine sehr interessante Besichtigung. Ungemein traurig und berührend", berichtete mein Mann, als er wieder neben mir im Bus Platz genommen hatte. „In der Baracke waren Pritschen der volksdeutschen Gefangenen bis zum Dach hinauf übereinander gestapelt. Die Balken des Dachstuhls waren voll von Namen, Daten und stummen Hilferufen, mit Blut geschrieben oder mit Steinen und Glasscherben eingeritzt. Für den Großteil der Inhaftierten war diese Baracke die letzte kummervolle Station ihres Lebens. Gestorben an diversen Krankheiten, die sich explosionsartig ausbreiteten, Misshandlungen oder Hungertod, wurden hunderte Deutsche in das Massengrab geworfen, auf dem heute der Fußballplatz ist."

Weiter führte die Route durch die ersten Wälder, die ich in diesem Land gesehen hatte, dann durch Ruma und wieder weites, flaches Ackerland soweit das Auge reichte. Nur dort und da einige wilde Büsche und noch seltener Laubbäume. Ich konnte meine Uroma gut verstehen, wenn sie meinte, die Erde sei eine Scheibe, denn lebt man in einer derartigen Ebene, ist es schwer vorzustellen, dass die Erde eine Kugel ist.

Am Vortag unserer Heimreise, am 1. Mai, machten wir noch eine Tagesfahrt nach Apartin. Die Strecke führte durch mehrere ehemalige deutsche Dörfer, dann wieder durchschnitt nur die Straße das typische Flachland – die Kornkammer Europas, wie uns Herr Bürgermayer erzählt hatte. Danach sah man Frauen auf einem Gemüseacker arbeiten, mit langen weiten Röcken und dunklen Kopftüchern – ein scheinbar friedliches Ortsbild. Wie Haustiere stapften neben ihnen Störche auf Futtersuche durch die Felder, die ihre Nester hoch oben auf Strommasten und Häusern gebaut hatten. Warum in diesem Land die Zeit scheinbar stehen geblieben ist, erzählte uns eine deutsche Frau, die außerhalb des Ortes Karawukowa zu uns in den Bus gestiegen war. Sehr ängstlich und eingeschüchtert versteckte sie sich im Bus, bis sie einige Kilometer vom Ort entfernt erst zu erzählen begann. Sie war eine von wenigen Deutschen, die mit ihrer Familie noch in diesem Ort lebte, der alles andere als friedlich ist. Oft wird ihre Familie nachts geweckt und beschimpft, und manchmal werden auch Fenster ihres Hauses eingeschlagen. „Meine Kinder machen mir immer wieder Vorwürfe, weil ich nach dem Krieg, nach dem Vernichtungslager, nicht mit ihnen geflüchtet bin. Nachdem mein Mann ermordet wurde, hatte ich nicht den Mut und auch kein Geld, um alleine mit meinen drei Kindern unsere Heimat zu verlassen. Ich fürchtete, auch noch das Leben meiner Kinder zu riskieren", erzählte sie. „Unsere Wirtschaftslage ist katastrophal, die Arbeitslosigkeit sehr hoch. Meine Tochter hat zwar einen Job, hat aber seit einem Jahr keinen Lohn mehr bekommen", fuhr die Frau fort. Verständlich, dass diese Leute bei derartigen Geldsorgen nicht in der Lage sind, ihre Häuser zu renovieren. Für uns Österreicher sind das undenkbare Lebensverhältnisse. Unglaublich, dass man in einem europäischen Land im Jahre 2004 noch so rückständig leben kann. Der jahrzehntelange Einfluss des Kommunismus ist noch immer spürbar. Einerseits ein unterdrücktes Arbeitervolk, andererseits der Reichtum der Großgrundbesitzer, sind gravierende politische Missstände. Die verschiedenen Völker in Jugoslawien mit ihren gegensätzlichen Religionen werde wohl nie in Frieden miteinander leben können. Nach wie vor werden, hauptsächlich von den Serben, katholische Kirchen geplündert und zerstört. Ein derart grauenhaft demoliertes Gotteshaus besichtigten wir in Karawukowa, zwischen Neusatz und Apartin gelegen. „Kirche kaputt, Kirche kaputt", riefen uns einige gehässige Männer zu, die bei einem Imbissstand vor der Kircheneinfriedung saßen. Nur im Schutz der Reisegruppe wagte ich den Eintritt in das Gotteshaus. Der feindselige Blick dieser Männer war beängstigend. Nun spürten wir selber den Hass gegen uns Deutschsprachige. Der Reiseleiter öffnete die große Kirchentür, wir traten ein und standen mitten im Taubendreck. „Um Gottes Willen, das war einmal eine Kirche, eine geweihte Stätte?", riefen viele voll Entsetzen. Ich werde den Anblick dieser riesigen, total ausgeräumten Halle, die von hunderten gurrenden, kreischenden Tauben bevölkert war, nie mehr vergessen. Sämtliche Fensterscheiben waren zerschlagen, und ein mit Glasscherben und Taubenguano verdreckter roter Teppich lag in der Mitte der Halle. Mein Gedanke war: „Aus diesem Haus ist Gott längst ausgezogen." Obwohl es keine Statuen, kein Kreuz, kein einziges Relikt mehr gab, das an die Heiligkeit erinnerte, beteten wir ein Vater Unser und sangen Kirchenlieder. Die Frau, die zuvor in unseren Bus gestiegen war, erzählte, dass sich im Jahre 1992 einige Männer ans Werk machten, die Kirche zu renovieren, doch was tagsüber eifrig geschaffen wurde, zerstörten die Vandalen über Nacht.

Zum Mittagessen waren wir in Apartin in einem Fischrestaurant angemeldet. Die Spezialität dieses Hauses war „Fischpaprikasch", eine Fischsuppe, welche die Köche über offenem Feuer in Eisenkesseln zubereiteten. Als dieses Gericht serviert wurde, war ich aber doch sehr froh, dass ich gefüllte Rasnici bestellt hatte, denn das Fischpaprikasch beinhaltete nicht nur Fischfleisch, sondern auch Köpfe und Gräten, und das ganze Durcheinander wurde mit einem Schöpflöffel über gekochte Nudeln gegossen. Musiker sorgten mit stimmungsvollen Klängen für Unterhaltung. Mit gemischten Gefühlen betrachtete ich diese zum Teil sehr alten Männer mit ihren Instrumenten, die offensichtlich Zigeuner waren, deren Vorfahren damals den Deutschen, neben den Partisanen, übel mitgespielt hatten.

Eine Besichtigung der Festung Peter-Vardein war ein interessanter Teil unserer letzten Tagesreise. Die ausgedehnte Burganlage, die im neunten Jahrhundert hauptsächlich von Strafgefangenen erbaut wurde, war sehr gut erhalten. Zum Schlafen wurden die Gefangenen in den Kellergewölben eingesperrt.

Bevor wir an diesem Abend in unser Hotel zurückkehrten, wurden wir von der hiesigen kleinen Gruppe der Donauschwaben in Novi Sad zu einem Treffen in ihren Gemeinschaftsraum eingeladen. Nach einem herzlichen Empfang gab es Getränke, Kuchen und köstlichen, türkischen Kaffee. Der Obmann hielt eine Rede und im Anschluss überreichte ich ihm eines meiner Bücher für die Bibliothek. Mit diesem kleinen Geschenk machte ich den Landsleuten meiner Vorfahren offensichtlich große Freude. Mit Interesse lauschten sie der kurzen Inhaltsangabe und bedankten sich, dass ich ein wichtiges Einzelschicksal einer ehemaligen Donauschwäbin veröffentlicht habe. Vielleicht konnte ich einen winzigen Teil dazu beitragen, dass die Deutschen im jugoslawischen Raum endlich ihren Stellenwert in der Geschichte des Zweiten Weltkrieges bekommen. Nach dem Abendessen im Hotel gingen wir früh schlafen, denn am nächsten Morgen des 2. Mai traten wir die lange Reise heimwärts an. Ich freute mich schon auf mein Zuhause: den heißersehnten gewohnten Kaffee genießen, mein eigenes Bett und unsere Lieben daheim, Gründe, die mich und auch meinen Mann förmlich nach Hause zogen. Die vielen Eindrücke und hauptsächlich negativen Erfahrungen machten mich nachdenklich und zufrieden, österreichischer Staatsbürger zu sein, da man sein Leben in herrlicher Natur selbst bestimmen und nach eigenen Bedürfnissen in Freiheit und Sicherheit genießen kann.

Nach dem Frühstück um sieben Uhr machte ich letzte Fotos in Novi Sad, bevor die lange Fahrt in Richtung Heimat begann. Herr Gindlstrasser, unser Reiseleiter, verstand es ausgezeichnet, wie schon bei der Hinfahrt, uns auch während der Rückfahrt zu unterhalten, sodass nie Langeweile aufkam.

Elisabeth A. nahm den vorderen Sitzplatz des Busses ein und erzählte ihre packende Geschichte. Sie war das Kind einer Familie aus Lazafeld. „Es war ein furchtbarer Schreck, als plötzlich zu Weihnachten 1944 die Russen in unser Haus stürmten. Meinen Eltern wurde befohlen, für drei bis vier Wochen Kleidung und Lebensmittel einzupacken, dann wurden wir aus dem Haus gejagt. Ich werde nie vergessen, wie Papa damals geweint und gesagt hat: `Wir sehen uns nicht mehr.´ Alle weiblichen Wesen des Ortes mussten sich im Gasthaus melden und wurden einer Musterung unterzogen. Bald stand ich in der Gruppe der Frauen und Mädchen, die nach Russland deportiert wurden. Wie die Tiere trieb man uns in Viehwaggons eines Zuges, der uns von Beckareck nach Russland brachte. Drei Tage durften wir gar nicht aussteigen. In der Mitte des Waggons war ein Loch im Boden, wo wir vor allen anderen unsere Notdurft verrichten mussten. Ohne jede Verpflegung waren wir drei Wochen lang mit dem Zug unterwegs. Die Endstation:

Zwangsarbeitslager, mit Unterbringung in einem Schulgebäude. Russische Offiziere gingen durch das Lager und suchten Frauen für die Arbeit in den Kohlegruben aus. Ich war auch dabei. Ein unglaublich grausamer Überlebenskampf begann. Es war noch dunkel und eiskalt, als wir jeden Morgen drei Kilometer zu den Kohlegruben gehen mussten. Nass und durchgefroren kamen wir an. Ich war dazu eingeteilt, die beladenen Kohlewaggons aus den Stollen zu schieben. Wenn einer der schwer beladenen Wagen aus den Schienen sprang, musste ich unter größten Anstrengungen mit meinen Rücken und Schultern das Gefährt wieder aufs Gleis heben. Ich habe während dieser Grausamkeiten mehr geweint und gebetet, als sonst in meinem Leben. Schon während des ersten russischen Winters starben die Hälfte aller Frauen und Mädchen an Typhus, Unterernährung und vor Kälte. Für einige Monate wurde ich dann zur Küchenarbeit eingeteilt. Dort konnte ich mich etwas erholen, bevor ich schließlich doch wieder in die Kohlegrube geschickt wurde, in der ich die schwerste und traurigste Zeit meines Lebens überstehen musste. Gute, wärmende Kleidungsstücke wurden uns am Anfang der Verschleppung weggenommen. Nur alte Fetzen hatten wir an. Auch um meine Beine wickelte ich nur Lumpen, um vor der eisigen Kälte wenigstens etwas geschützt zu sein. Der tägliche lange Weg bis zum Bergwerk, durch Schnee, Eis und Matsch, durchnässte meine Lumpen, bevor sie steif gefroren an der Haut klebten. Nach jedem zwölfstündigen Arbeitstag kam wieder der eisige Fußweg bis zum Lager. Abgemagert, ausgezehrt und gebrochen an Körper und Seele, entließ man mich nach fünf Jahren endlich aus dieser Hölle. Ich war 23 Jahre alt, als ich nach Österreich kam, wo ich vom Roten Kreuz die Nachricht erhielt, dass mein Vater gestorben war. Später erfuhr ich, dass er in Rudolfsgnad, wie tausende andere Deutsche auch, verhungern musste. Und auch meine Großeltern fanden im Lager diesen grausamen Tod. Ich bin die einzige der ganzen Familie, die das alles überstanden hat. In Österreich begann mein neuer Lebensabschnitt, wo ich dann Arbeit fand und heiratete. Meine schönsten Jahre aber waren die meiner Kindheit." Frau Elisabeth A. war eine von wenigen Menschen, die die Grausamkeiten in russischen Arbeitslagern überlebt haben.

Die Route führte, wie schon bei der Hinfahrt, durch Ungarn, wo wir in der Nähe von Budapest zum Mittagessen Halt machten. Das bereits vorbestellte Menü, das uns Herr Gindlstrasser organisiert hatte, war sehr schmackhaft und reichlich. Nach dem erholsamen Stopp, ging es dann wieder zügig weiter über Györ bis Mosonmagjarowar, wo wir noch einmal für eine

Stunde hielten, um in einem Markt einzukaufen. Am 1. Mai, also einen Tag zuvor, war Ungarn der EU beigetreten. Günstig einkaufen konnte man da nicht mehr, denn die Preise wurden quasi über Nacht dem europäischen Standard angepasst. Aber typisch ungarische Produkte, wie Paprika und Barack wollte ich dann doch kaufen. Während der Fahrt wurden am laufenden Band Witze erzählt, sodass die Strecke bis Traun, wo wir um 21 Uhr 30 ankamen, wie im Fluge verging. Mit sehr vielen ergreifenden, unvergesslichen Eindrücken, und großer innerer Zufriedenheit, endete die interessante Reise zu den Spuren meiner Vorfahren. Doch mein eigentliches Ziel, das Elternhaus meiner Mutter zu finden, habe ich nicht erreicht. Wer weiß, vielleicht habe ich irgendwann wieder einmal Gelegenheit Franztal zu besuchen.

Die Hölle auf Erden

Hitlers Balkankrieg besiegelte das Schicksal der Deutschen im ehemaligen Jugoslawien. Unter unzähligen anderen Verbrechen beging er den Verrat an seinen eigenen Landsleuten. Die Deutsche Minderheit saß in ihrer eigenen Heimat in der Falle, mitten unter den serbischen Kriegsgegnern. Unschuldig und widerstandslos waren sie einfach zu vertreibende und zu tötende Opfer, die die brutalsten Arten der Rache zu spüren bekamen.

Die Tragödien der Donauschwaben während des Zweiten Weltkrieges sind dem Großteil der Bevölkerung immer noch unbekannt. Dieses Wissen beschränkt sich hauptsächlich auf Betroffene und deren Nachkommen. Darum möchte ich weitere furchtbare Episoden, die ich aus Büchern gelesen habe, noch einmal aufschreiben, weil mich derartige Grausamkeiten enorm erschüttern und berühren.

Die Internierungslager im ehemaligen Jugoslawien, die während der Jahre 1944 bis 1948 zum Teil errichtet und zum Teil auch durch die Vertreibung der Deutschen Hausbesitzer „geschaffen" wurden, bekamen nicht zu Unrecht die Namen „Vernichtungslager", „Hungerburgen" oder „Todeslager". Dort praktizierten die

Partisanen die wohl grausamsten und brutalsten Vernichtungsmethoden an Menschen des deutschen Volkes.

Die folgenden Schicksale übernehme ich aus dem Buch „Verbrechen an den Deutschen in Jugoslawien 1944 – 1948, Stationen eines Völkermordes":

Über Tötungspraktiken grausamster Art, über katastrophale Zustände im sogenannten „Kinderheim" Syrmisch-Mitrowitz, erzählte Frau Anna Borosch, der durch eine mutige Vorsprache Zugang zu ihren Kindern gewährt worden ist. „Ich wurde in ein Haus geführt, wo alle Kinder beisammen waren – die Kleinsten waren erst zwei Jahre alt, gesunde und kranke. Die größeren mussten irgendwo Zwangsarbeit leisten. Viele der Kinder waren schon gestorben, und die noch lebenden, nur noch Haut und Knochen. Was ich sah, war Elend und Jammer. Die Kleinen spielten im Kot und mein Zwölfjähriger lag auf einer Holzpritsche, halb tot. Als er mich sah, war seine Freude groß. Sein Durchfall hatte nachgelassen, sagte er mir. „Sei schön lieb und iss ganz langsam immer nur ein Stückchen von dem Kukuruzbrot, damit du dich daran gewöhnst!" Ich konnte nicht mehr weitersprechen, denn die Tränen rollten über meine Wangen und wollten nicht aufhören. Da musste ich auch schon wieder gehen. Schnell drückte ich meine Kinder noch einmal an mich. Als wir zum Lager zurückkehrten, lachte mein Begleiter, ein Partisane, und sagte: „Siehst du, wie schön es die Kinder hier haben?"

Das Vernichtungslager Kruschiwl

Anni Schreiner, ein sechzehnjähriges Mädchen aus Sonta, und die einunddreißigjährige Frau Elisabeth Piry aus Apatin hatten die Aufgabe, den Feldarbeitern Essen zu bringen. Die Gelegenheit wahrnehmend gingen beide anschließend nach Stanischitsch, um zu betteln. Ein junger Feldarbeiter zeigte sie an, und als sie in das Lager zurückkehren wollten, wurden sie festgenommen, in einen Keller gesperrt und furchtbar geschlagen. Am selben Nachmittag wurden alle Lagerinsassen aufgefordert, der Erschießung dieser beiden Frauen beizuwohnen. Sie wurden an die Mauer eines Hauses gestellt. Ein Partisane sollte sie töten, weigerte sich aber, worauf ein anderer Schütze bestimmt wurde. Dieser legte das Gewehr an, drückte ab, doch es passierte nichts. Das Gewehr habe blockiert, hieß es. Daraufhin wurde ein anderes Gewehr herbeigeholt und ein dritter Todesschütze bestimmt. Dieser schoss auf Frau Piry, die auch getroffen wurde und niederfiel. Dann schoss er auf das Mädchen, das aber nur leicht getroffen wurde. Das Mädchen ging auf den

Partisanen zu und bat ihn, sie nicht zu erschießen, doch dieser schoss Anni Schreiner dann aus allernächster Nähe in den Kopf, worauf sie rücklings hinfiel. Drei Totengräber mussten die leblosen Frauen auf einen Wagen legen und auf den Friedhof bringen. Durch das Rütteln des Wagens kam Frau Piry wieder zu sich, setzte sich auf, verlangte nach Wasser und nach ihrem Kind. Die sechsjährige Tochter ging nun mit ihrer schwerverletzen Mutter bis zum Ortsausgang betend und weinend neben dem Wagen her. Frau Piry sagte zu ihrem Mädchen, sie solle brav bleiben und ihrem Vater erzählen, was mit ihr geschehen war. Ein letztes Mal umarmte sie ihr Kind und übergab ihm ein Erinnerungsstück, bevor sie auf den Friedhof gefahren wurde.

Der Lagerkommandant, Stanko Djevic`, der wegen dieser missglückten Erschießung informiert wurde, kam auf seinem Pferd zum Friedhof geritten, wo man Frau Piry lebend, bei vollem Bewusstsein, neben das Grab legte. Der Kommandant schoss der Frau mit seinem Revolver in den Kopf und stieß sie mit seinen Stiefeln ins Grab.

Weiters möchte ich noch einen von vielen ungemein grausamen Todesfällen aus dem Vernichtungslager Jarek aufgreifen.

Agathe Prohaska über den Tod ihrer Urgroßmutter: „Die Großmutter meines Vaters wurde zu uns ins Zimmer gebracht. Sie war an Durchfall erkrankt und schon so geschwächt, dass sie nicht mehr stehen konnte. Den ganzen Tag hatte sie geschlafen. Man legte sie schließlich zu den anderen Sterbenden in den Pferdestall. Tage später, als ich Urgroßmutter besuchen durfte, sagte sie so leise, dass ich sie kaum verstehen konnte: „Mein Kind, die Hunde beißen an meinen Beinen." Als ich die Decke hochnahm, sah ich, dass Ratten an ihren Zehen genagt hatten. Die arme, alte Frau war noch nicht einmal tot."

Ruma: Totentanz auf den Leibern der Opfer

Im November 1944 gab es in Ruma ein unvorstellbares Blutbad. A. Kreuzer aus Ruma berichtet: „Diesen Herbst 1944 begann eine wilde Hetzjagd auf alle Volksdeutschen in weiter Umgebung. Eine große Anzahl Menschen wurde herbeigeschleppt und im Saal des Kroatischen Heims eingesperrt. In der Nacht kam ein großer Trupp mordlustiger Partisanen samt einem Ziehharmonikaspieler an. Die Volksdeutschen mussten sich alle auf Befehl dicht nebeneinander auf den Fußboden legen. Der Musiker begann zu spielen, und die mit Dolchen bewaffneten Partisanen trampelten tanzend und jauchzend, mit ihren schweren Stiefel, auf den Körpern der Menschen umher und stachen in Mordgier immer wieder auf sie ein. Als dann nach unmenschlichen Qualen alle Opfer dieses tobenden Blutrausches hingemetzelt und zertrampelt waren, hatte die Mörderhorde für eine Nacht ihr schauderhaftes Werk vollbracht. Diese grauenhaften Morde wiederholten sich noch an zwei weiteren Tagen und Nächten. Das Blut mussten an jedem Morgen des nächsten Tages volksdeutsche Frauen, unter Mithilfe eines Mannes, gründlich vom Fußboden und den Wänden abwaschen."

Tausende solcher grauenhafter Morde an den Deutschen im ehemaligen Jugoslawien sind dokumentiert und namentlich aufgezeichnet, doch die meisten unschuldigen Opfer nahmen ihre schmerzhaften Tragödien mit in ihr Grab. Höchst erstaunt, sogar „erfreut", war ich, als ich in diesem Buch, wenn auch nur ansatzweise, über die grausame Bluttat, die im Salzamt Semlin an meinem Großonkel begangen wurde, gelesen habe. Es wird geschrieben, dass eine Frau einem Gefangenen täglich Essen gebracht hatte, bevor er mit hunderten anderen auf schrecklichste Art hingerichtet wurde.

In meinem Buch „Mädchenjahre – Kriegsjahre" habe ich den furchtbaren Mord an meinem Großonkel, Ferdinand Braschel, aufgeschrieben, eine Geschichte, die mir Mama unter Tränen erzählt hatte.

Es gibt nicht genug Aufzeichnungen, nicht genug Bücher, nicht genug Informationen über diese ehemalige deutsche Minderheit in jugoslawischen Gebieten, die während des zweiten Weltkrieges und noch einige Jahre länger unglaublich gelitten hatten. Ich möchte die Bitte meiner Mutter weitergeben und wünschen, dass die Volksgruppe der „Donauschwaben" endlich ihren Stellenwert – ihre Erwähnung in der Kriegsgeschichte – bekommt, dass vor allem unsere Nachkommen und die breite Masse von den Gräueltaten erfährt, und dass die „Donauschwaben" nicht vergessen werden.

Tagebuch meiner jüngsten Krankengeschichte

Seit vielen Wochen steht es mit meiner Gesundheit nicht mehr zum Besten. Ich habe Schmerzen in meinem Unterbauch, massive Verdauungsprobleme, bin müde und abgespannt.
Anfang September 2009: Wir machen einen Ausflug, ich freue mich, endlich wieder einmal aus dem alten Trott zu kommen. Mit meinem Mann mache ich eine Busreise in die Südsteiermark mit einer Übernachtung in Deutschlandsberg und mehreren Besichtigungen. Den Abend verbringen wir in einem Heurigenlokal. Appetitlos bestelle ich mir dort doch ein belegtes Brot. Mein Magen drückt, und mein Bauch fühlt sich an wie ein Ballon. Die Nacht wird zum Alptraum, ich leide unter äußerst schmerzhaften Bauchkrämpfen, ständigem Würgen und Erbrechen, außerdem an Durchfall. An Sehenswürdigkeiten habe ich kein Interesse mehr, bin nur noch froh, wenn ich wieder zu Hause bin.
9. 9.: Mein nächster Weg führt mich zum Arzt, der mich nach Gmunden zum Ultraschall und Röntgen überweist. Ergebnis: Sehr unruhige Darmtätigkeit, aber sonst unauffällig. Mit der Gewissheit, dass alles in Ordnung ist, fahre ich einigermaßen beruhigt nach Hause.

1. 11.: Meine Bauchschmerzen sind unerträglich. Herbert bringt mich nach Kirchdorf ins Krankenhaus. Nach gründlicher Untersuchung mit Gastroskopie, Coloskopie, Ultraschall und so weiter erhalte ich die Diagnose: Verengung im Dünndarm und chronische Gastritis. Die Behandlung: Infusionen und Antibiotika.
7. 11.: Ich darf Gott sei Dank wieder nach Hause. Eine Operation ist nicht dringend notwendig. Wissend, dass ich vorsichtig sein muss, nur kleine Portionen Schonkost zu mir nehmen darf, hält sich meine Freude in Grenzen.
20. 12.: Ich überlege mir jeden Bissen, um ja meinen Bauch nicht zu belasten, dennoch kündigt sich schleichend wieder eine Schmerzphase an. Am besten wäre es, gar nichts mehr zu essen.
22. 12.: Seit einigen Tagen habe ich wieder keinen nennenswerten Stuhlgang. Mein Bauch spannt. Zur Arbeit muss ich zum Glück noch nicht. Bis zum Abend werden meine Schmerzen schlimmer. Mein Mann fährt mich zum Hausarzt, der mir gegen meinen diagnostizierten Helikopaktor-Virus eine Tablettentherapie verschreibt. Antibiotika und Magenschutz sind einzunehmen – insgesamt täglich fünf Tabletten.
24. 12.: Heiliger Abend. Traditionell bereite ich ein kaltes Buffet vor. Fühle mich aber gar nicht wohl und weiß, dass ich die Köstlichkeiten gar nicht genießen kann. Mit meinem Mann, meinen

Kindern, Schwieger- u. Enkelkindern überstehe ich mehr schlecht als recht den Weihnachtsabend. In weiser Voraussicht hatte ich schon Wochen zuvor ein Wildragout für das Mittagessen des ersten Weihnachtstages fertiggekocht und eingefroren, denn unser Sohn Peter bleibt mit seiner Familie über Nacht und anschließend zum Mittagessen.

25. 12.: „Man sieht, dass es dir nicht gut geht", bemerkt Schwiegertochter Silvia. Trotz allem genießen wir das gemeinsame Frühstück und am frühen Nachmittag das Mittagessen. Nur die Serviettenknödel muss ich frisch zubereiten, Wild und Rotkraut hole ich aus der Tiefkühltruhe. Ich bin Mama und Oma aus Leidenschaft und freue mich, wenn wir alle zehn gemeinsam essen. Unsere drei kleinen Enkelkinder Dennis, Melissa und Niklas spielen friedlich miteinander, und Lisa, unsere große Siebzehnjährige, unterhält sich mit uns Erwachsenen. Das ist unsere harmonische Familiengemeinschaft, die ich ungemein schätze. Meine Appetitlosigkeit und Magenprobleme führe ich auf die Einnahme meiner Arznei zurück und hoffe, dass nach Absetzen des Antibiotikums mein Wohlbefinden zurückkehrt.

27. 12.: Mein erster Arbeitstag nach längerer Pause. Trotz der schweren Tätigkeiten als Zimmermädchen, fühle ich mich etwas besser, lege mich aber am Nachmittag doch wieder hin.

So verlaufen auch die folgenden Tage bis zum Jahreswechsel.
31. 12.: Seit einigen Tagen habe ich keinen ausreichenden Stuhlgang, esse auch sehr wenig. Am Vormittag zur Arbeit, am Nachmittag bereite ich das Silvesterbuffet vor. Von Stunde zu Stunde geht es mir schlechter. Mein Bauch – eine tickende Zeitbombe. Peter kommt mit Silvia und Sohn Dennis um 19 Uhr 30, Lisa feiert das erste Mal mit ihren Freunden Silvester. Toni, der Lebensgefährte unserer Tochter, hat viele Freunde eingeladen und im Garten finnisches Feuer, Glühwein und Würstel gemacht. Alle sind begeistert von Tonis genialer Idee. Ich geselle mich dazu, obwohl mir wegen meiner Schmerzen nicht nach feiern zumute ist. Das Essen steht auf dem Tisch, ich setze mich in den Fernsehsessel, lehne mich zurück und öffne meinen Hosenknopf, um meinen angespannten Bauch etwas zu entlasten. Es ist einundzwanzig Uhr. Meine Schmerzen werden so unerträglich, dass ich den diensthabenden Arzt anrufe. Herbert fährt mich nach Scharnstein zu Dr. Bimminger. Ich entschuldige mich, dass ich ausgerechnet am Silvesterabend in die Ordination komme, aber der Arzt ist ausgesprochen freundlich und verabreicht mir eine Infusion gegen die Schmerzen, die schnell Wirkung zeigt. Der weitere Abend ist erträglich und ich schöpfe wieder Hoffnung.

Vielleicht ist es doch nur eine akute Magen-Darmverstimmung? Wir stoßen auf das Neue Jahr an und lassen die Raketen krachen. Jetzt geh ich aber schlafen, es ist fast zwei Uhr.

1. 1. 2010: Allen fällt das Aufstehen schwer. Zu lang war die Neujahrsfeier. Erst im Laufe des Vormittags sitzen wir zusammen allesamt am Frühstückstisch. Dafür fällt heute das Mittagessen aus, was mir ehrlich gestanden sehr recht ist. Ich bin nach wie vor nicht fit genug, um mich in Arbeit zu stürzen.

2. 1.: Es geht mir einigermaßen zufriedenstellend, sodass ich meiner Arbeit wieder nachgehen kann, doch am Nachmittag ist wieder Ruhe notwendig.

3. 1.: Der Tag vergeht wie der vorige, doch auf die Toilette kann ich wieder seit zwei Tagen nicht. Habe auf meiner Arbeitsstelle Zimmer geputzt bis zum Nachmittag.

4. 1.: Sonntag. Vormittag muss ich zur Arbeit, es ist Wintersaison. Als Mittagessen bereite ich Hühnerbrust in Soße und Karottenreis zu. Um ja meine Verdauung nicht zu belasten, koche ich seit Wochen Schonkost. Ich esse nur eine Kinderportion, doch mein Bauch ist prall und beginnt, langsam aber sicher, in Abständen zu schmerzen. Keine Aussicht auf Stuhlgang. Jeder Versuch, den Darm anzuregen, schlägt fehl. Die Hausarbeit – zweitrangig. Lieber verbringe ich den Nachmittag liegend auf der Couch. Herbert ist,

wie jeden Sonntagabend im Jahr, bei seinen Kegelfreunden in der Kirchmühle, einem Wirtshaus. Ich nehme ein Bad, um meine zunehmenden Schmerzen etwas zu lindern. Schließlich sehe ich keinen anderen Ausweg, als mich für das Krankenhaus fertigzumachen. Nur noch eine gute Stunde, bis Herbert nach Hause kommt. Aber warum noch warten? Der Dämon in meinem Bauch wird zur unerträglichen Qual. Ich hol mein Handy und rufe Herbert an, der sofort zur Stelle ist. In der Chirurgie des Kirchdorfer Krankenhauses werde ich aufgenommen und bekomme eine Infusion gegen meine Schmerzen. Nach den üblichen Aufnahmevorbereitungen wird mir ein Bett auf Zimmer 533 zugeteilt.

5. 1.: Die erste Nacht war nicht schmerzfrei, aber auszuhalten. Am Vormittag kommt Oberarzt Dr. Pauzenberger, ein ausgesprochen sympathischer Mensch, mit angenehm ruhiger Stimme, an mein Krankenbett. „Ich habe gewusst, dass wir uns wiedersehen", begrüßt er mich, „was auf dem Röntgenschirm zu sehen war, muss operiert werden." So sehr ich im November erfreut war, ohne Eingriff davonzukommen, umso lieber stimme ich nun einer Operation zu. Ein schmerzfreies Leben zu Hause wäre nicht mehr möglich.

6. 1.: Heiligen-Drei-Königstag. Ich bekomme ständig Infusionen als Nahrungsergänzung und

zur Schmerzlinderung, aber auch Suppe und Tee. Nach neuen Operationsmethoden muss der Darm nicht mehr entleert sein, was ich wegen der Infektionsgefahr nicht verstehen kann.

7. 1.2: Viertel nach fünf Uhr heißt es duschen. Dann um sieben Uhr, nach der Einnahme einer Beruhigungstablette, werde ich samt Bett in den OP-Saal gefahren. Große, runde Lampen strahlen mich an, in einer Halle aus blankem Niro. Im Eiltempo schwirren Assistenzärzte um mich herum, sodass ich die Narkoseverabreichung total übersehen habe. Schon nach wenigen Sekunden war ich im Tiefschlaf.

Am frühen Nachmittag, erstes Erwachen auf der Intensivstation. In meinem linken Nasenloch steckt ein pampstiger Zellstoffstöpsel. Einen Infusionsanschluss mit mehreren Abzweigungen und einem Gewirr von Schläuchen entdecke ich an meinem linken Handrücken. Aus meinem Bauch ragt ein zweigeteilter Schlauch, der zum einen für langsame Darmspülung und zum anderen als Wundtrainage gesetzt ist. Auf meinem Brustkorb kleben Elektroden zur Überwachung meiner Herz-und Lungenfunktion und zu guter Letzt habe ich logischerweise auch noch einen Harnkatheter. Zur stündlichen Überwachung meines Blutdrucks ist die Manschette an meinem rechten Oberarm angebracht. Außer einem leichten Ziehen der Operationsnaht spüre ich keinerlei Schmerzen. Nur kurze Aufwachphasen unterbrechen meinen stundenlangen Schlaf.

8. 1.: Ein erstes Aufsitzen an den Bettrand zum Zähneputzen. Eine Schwester holt eine silberne Waschschüssel, wäscht meinen abgemagerten Körper und fragt mich: „Frau Wallner, brauchen sie Schmerzmittel?" In letzter Zeit wurde ich vollgepumpt mit Antibiotika, sodass ich keine zusätzlichen Medikamente einnehmen möchte, bis mir die Anästhesistin erklärt, dass sich mein Körper jetzt ausschließlich auf die Wundheilung konzentrieren müsse und jeder Wundschmerz der Heilung entgegenwirkt. Obwohl ich keine Schmerzen verspüre, befolge ich brav den gutgemeinten Rat und lasse mir ein Medikament verabreichen.

9. 1.: Meine Körperpflege verläuft wie am Vortag. An Ruhe und Schlaf ist nicht mehr zu denken. Die Intensivstation ist voll belegt. Stöhnen von Patienten und geschäftiges Treiben von Ärzten und Pflegepersonal lässt ein ruhiges Einschlafen nicht mehr zu. Nächster Fortschritt: Ich darf endlich wieder zurück auf die chirurgische Krankenstation.

10. 1.: Sooft ich auch läute, die Schwestern sind freundlich und hilfsbereit. Bekomme Süppchen und duftenden Tee, was ich sehr genieße. Die Operationsnaht beginnt schon zu heilen. Jeder neue Tag bringt Erfolge.

11. und 12. 1.: Meine schwachen Venen sind eine Herausforderung für die Ärzte und eine schmerzhafte Piekserei für mich. Täglich muss die Infusionsnadel neu gesetzt werden. Zu Mittag gibt es gekochtes Rindfleisch mit Gemüse und Kartoffeln. Ein fataler Diätfehler und ein Hammer für meinen frisch operierten Darm. Schmerzhafte Krämpfe plagen mich, bis ich ein schmerzlinderndes Medikament bekomme.
13. 1.: Die Infusionsnadel wird entfernt. Ein nächster, großer Schritt in Richtung Heimat. Meine Antibiotikadosis bekomme ich künftig in Form von kleinen Tabletten. Nach meiner letzten Schmerzattacke achte ich sehr darauf, meinen Verdauungstrakt nicht mit schwerem Essen zu belasten. Nehme nur Suppe und Joghurt zu mir.
14. 1.: Meine Naht ist schön verheilt. Frau Primar Grenzfurtner entfernt heute die Hälfte meiner Klammern. „Wie schaut´s aus, wollen sie heute oder morgen nach Hause?" Ich bin froh, endlich vorbei, endlich nach Hause. Entscheide mich aber für letzteres und bleibe doch noch einen Tag.
15. 1.: Entlassungstag. „Kann ich also doch meinen Geburtstag zu Hause feiern", denke ich. So geschwächt wie ich bin, bereitet mir das Aufstehen, Anziehen und das Einpacken meiner Sachen große Mühe. Schleppend vergeht der Vormittag, bis ich das Mittagessen serviert bekomme. Längst habe ich mich abgemeldet, aber

auf den Arztbrief ist noch zu warten. Am frühen Nachmittag rufe ich Herbert an, der schon sehnsüchtig wartet, mich abholen zu können. „Ich muss aber noch einiges einkaufen, für die nächsten Tage." „Ist gut, einige Lebensmittel werden wir schon besorgen müssen", bestätigt mein Mann. Was sonst selbstverständlich ist, strengt mich jetzt gewaltig an. „Los, nach Hause, ich bin erledigt."

Herbert stellt meine Tasche im Vorraum ab, und ohne sie auszuräumen begebe ich mich wieder in die erholsame Waagrechte. Stürmisch begrüßt mich unser kleiner Enkelsohn Niklas: „Oma, jetzt darfst du aber nicht mehr ins Krankenhaus. Ich hab dich lieb." Ich bin zwar zu Hause, aber nicht im Stande, Essen zu machen oder sonstige Tätigkeiten zu verrichten. Mein Allgemeinzustand verschlechtert sich, ich fühle mich krank. Am Abend messe ich Fieber – 37,6 Grad.

16. 1.: Sieben Uhr am Morgen. Ich bitte Herbert unseren Hausarzt anzurufen, um einen Termin zu vereinbaren. Mühevoll kämpfe ich mich aus dem Bett und in meine Kleidung. Mein Spiegelbild versetzt mir einen Schreck. Nur tiefliegende große Augen sehe ich im ersten Moment, die in meinem grauen, fast leblosen, Gesicht stecken. Selbst mein Arzt erschrickt vor meinem Anblick. „Jetzt sehen sie aber schon sehr krank aus", bemerkt er, greift augenblicklich zum Telefon, ruft im Krankenhaus

Oberarzt Pauzenberger, meinen Chirurgen, an und fordert endlich eine Abklärung und Behandlung meiner Erkrankung. Deprimiert, mit einer neuerlichen Einweisung ins Krankenhaus Kirchdorf, verlasse ich die Ordination. Niemals in meinem Leben fühlte ich mich derart am Boden, körperlich, als auch seelisch und doch gab es Ärzte, strotzend vor Arroganz, die mir ohne jedes Mitgefühl noch einen verbalen Tritt gaben: „Es ist ohne weiteres möglich, Frau Wallner, dass sie noch einmal operiert werden müssen." Trotz bedenklicher Mienen geben mir aber Frau Primar Dr. Grenzfurtner und Oberarzt Pauzenberger wieder Hoffnung. Es geht mir schlecht. Ich durchlebe ein Wechselbad von Gefühlen und kann oft meine Tränen nicht mehr zurückhalten, wenn ich mich auch vor meiner Familie anders zeige. Meine Behandlung erfolgt wie gehabt: Antibiotika, Flüssigkeit und Nahrung intravenös. Ich bin schmerzfrei, habe aber panische Angst vor einer weiteren Operation. Ich fühle mich schwach, zittrig und furchtbar alt.

19. 1.: Mein siebenundfünfzigster Geburtstag. Ich bekomme Glückwünsche einiger Schwestern, und mehrere Anrufe und Besuche von daheim. Oberärztin Patzer, eine überaus freundliche, strahlende Persönlichkeit, gibt mir zu verstehen, dass ich noch nicht „über dem Berg" sei, aber

meine Blutwerte sich gebessert haben. Im Moment, mein schönstes Geburtstagsgeschenk.
20. 21. und 22. 1.: Für Infusionen muss ich täglich neu gepiekst werden. Eine Plage für mich und auch für die Ärzte, denn meine Venen sind sehr zart. Der Rekord: ein Mal Nadel setzen, vier Mal stechen. Doch die Antibiotika-Behandlung zeigt Wirkung. Blutwerte und Befinden bessern sich. Nach kurzer Freude folgt aber schon der nächste Tiefschlag. Während eines Gespräches mit einem Internisten erfahre ich zum ersten Mal, dass ich unter Morbus Chron, einer chronischen Darmentzündung, leide. Die schlimme Krankheit schlummerte bereits seit vielen Jahren in meinem Bauch und wurde nie behandelt – und ich hatte keine Ahnung davon gehabt. „Es könnte sein, dass sich in ihrem Darm ein Geschwür gebildet hat, deshalb ist eine weitere Operation nicht ausgeschlossen." Wieder eine niederschmetternde Vermutung, die meine Psyche enorm belastet. „Den nächsten Arzt, den ich in diesem Krankenhaus brauche, ist ein Psychiater, wenn das so weitergeht", sage ich zu meinem Mann, der sichtlich mit mir leidet.
23. 1.: Meine Genesung macht Fortschritte. Ich kann seit einigen Tagen nicht nur Suppe, sondern auch feste Nahrung zu mir nehmen. Ein weiteres Plus: Ich werde von Infusionen auf Tabletten umgestellt. Täglich versuche ich mehr Stufen zu

bewältigen, gehe auch manchmal in die Kapelle, um mich beim himmlischen Vater zu bedanken. Herbert besucht mich, wie jeden Tag. Wir gehen alle fünf Stockwerke in die Kantine. Obwohl ich auf nichts Appetit habe, bestelle ich mir doch Pfefferminztee. Sehr erschöpft freue ich mich wieder auf mein Krankenbett.

24. 1.: Dringend bräuchte ich eine Haarwäsche. Meine Hygiene und mein Aussehen sind mir wieder wichtig, was ich natürlich als weiteren Genesungsfortschritt deute. Also beschließe ich, meiner hexenhaften Erscheinung den Garaus zu machen, wasche meine Haare, drehe sie auf Lockenwickler, föhne und frisiere sie. Es kostet viel Kraft, sieht aber gleich viel besser aus.

26. 1.: Im Schneckentempo verstreichen die Tage, die ich hauptsächlich mit Lesen und Schreiben verbringe. Durch meine Tabletteneinnahme bin ich zu einer „pflegeleichten" Patientin geworden. Die geringen Schmerzen, die ich nach jeder Mahlzeit habe, kann ich nicht richtig deuten: „Habe ich doch noch entzündliche Stellen in meinem Darm oder gar ein Geschwür?" Zu lange schon habe ich mit Schmerzen gelebt, sodass ich die „Normalität" gar nicht mehr kenne. Abendvisite: Frau Oberarzt Patzer macht mir Hoffnung, bald nach Hause zu dürfen.

27. 1.: Blutabnahme. Heute fühle ich mich sehr schwach und appetitlos.

28. 1.: Das köstliche Frühstück mit Kipferl und Kaffee wird heute verschoben, weil ich eine Computertomographie habe, die mir neue Gewissheit verschafft. Die Vorbereitung: Eine echte Plage. In kurzer Zeit muss ich einen Liter Tee trinken, der heiß und schweißtreibend ist. Visite: Oberarzt Pauzenberger macht mir mit seiner einfühlsamen, ruhigen Art neue Hoffnung. Die Laborwerte des operativ entfernten Darms haben keine Krebswerte ergeben, und meine Entzündungswerte sind von vorher 26 auf 1,1 gesunken. Über die Auswertungen der Computertomographie informierte mich am Abend Frau Primar Grenzfurtner: „Na, Frau Wallner, schaut gut aus..., die CT meine ich. Die Entzündung ist zwar immer noch nicht ganz abgeklungen, aber zufriedenstellend." Eine aufbauende Nachricht. Vielleicht kann ich doch bald nach Hause.

30. 1.: Pünktlich zu Herberts Geburtstag werde ich aus dem Krankenhaus entlassen. Einfach herrlich, endlich wieder Heimatluft zu schnuppern. Seit 4. Jänner war ich beinahe durchgehend auf der Chirurgischen Station. Mein extrem geschwächter, abgemagerter Körper brauchte die lange Zeit des Heilprozesses. Niemals zuvor war ich so sehr am Rande der Verzweiflung, niemals hatte ich so große Angst um mein Leben.

31. 1. bis 6. 2.: Die Tage zu Hause hatte ich mir einfacher vorgestellt. Jeder Handgriff war ein qualvoller Kraftakt, das Kochen wurde zur Plage. Nur mit Widerwillen schlucke ich meine Tabletten, die meinen Appetit immer mehr und mehr drosseln. Ekel empfinde ich für sämtliche Gerüche und sogar beim Zähneputzen.
7. 2.: Die erste ambulante Nachuntersuchung. Blutkontrolle im Labor, Ultraschall und zum Schluss ein ausführliches Gespräch mit Dr. Watzl. Die Entzündungswerte in meinem Blut sind erfreulicherweise auf 0,98 gesunken, ich kann daher meine Tablettendosis drosseln, was meine Hoffnung auf verbesserten Appetit stärkt. Mein Mann fährt mich zur Apotheke, ich besorge mir meine neuen Medikamente und anschließend gehen wir in die nächste Bäckerei, um mein verspätetes Frühstück einzunehmen.
8. bis 16. 2.: Mein Zustand lässt keine Freude aufkommen. Jedes Essen ist eine schmerzvolle Tortur. Oft bin ich der Verzweiflung nahe.
17. 2.: Ambulante Kontrolle im Krankenhaus Kirchdorf. Blutabnahme im Labor und dann Computertomographie. Ein langes Warten bis die Auswertung der ganzen Untersuchungsergebnisse vorliegt. Das anschließende Gespräch mit Oberarzt Dr. Watzl treibt mir die Tränen in die Augen. Meine Blutwerte haben sich wesentlich verschlechtert, die Entzündungswerte sind alle

bedenklich gestiegen. „Leider müssen sie wieder stationär behandelt werden", sind seine niederschmetternden Worte. Weinend gehe ich mit meinem Mann auf die Chirurgische Station. Lange kann ich mich nicht beruhigen, bis letztendlich doch die Vernunft siegt. „Ich muss mich damit abfinden, hier bin ich bestens versorgt. Zu Hause werden sich doch meine Entzündungswerte ständig verschlechtern."
18. bis 22. 2.: Mein Zustand ist unverändert. Magenschmerzen und Bauchschmerzen nach jedem Essen. Habe keinen Appetit, und sämtliche Gerüche ekeln mich an. Zu meinen sechs Flaschen Antibiotika bekomme ich jetzt noch Schmerzinfusionen.
23. 2.: Um 14 Uhr kommt mein Mann mit einer großen Überraschung. „Ich habe mit einer Heilpraktikerin telefoniert, sie hat gesagt, dass sie an dir eine Fernheilung vornehmen wird." Diesmal weine ich vor Freude, weil ich mich in meinem Zustand an jeden rettenden Strohhalm klammere. Zudem habe ich noch heute eine gründliche Untersuchung der Magen-Darm-Passage, bekomme eine dickflüssige weiße Masse zu trinken und werde in bestimmten Abständen geröntgt. Meine Schmerzen sind an diesem Tag wie weggezaubert, was ich wahrscheinlich diesem Getränk zu verdanken habe.

24. und 25. 2.: Allmählich flackern meine Beschwerden wieder auf, was mir die positive Wirkung des Kontrastmittels, das ich vor zwei Tagen eingenommen hatte, bestätigt. Seit einigen Tagen erhalte ich eine weitere Infusion, mit Vitaminen und Spurenelementen für besseres Wohlbefinden und auch zum Aufbau meines geschwächten Körpers.

1. 3.: Heute ist der letzte Tag der Infusionen. Wieder muss ich meine Antibiotikadosis in Tablettenform einnehmen. Die Tortur mit Magenschmerzen und Appetitlosigkeit wird mich erneut schwächen.

2. 3.: Ich bin glücklich. Habe nach den Mahlzeiten fast keine Schmerzen mehr. Obwohl ich Zucker meiden sollte, habe ich großes Verlangen nach Schokoriegel, gehe ins Buffet und kaufe Milky Way Crispi Rolls, wovon ich genussvoll eine verspeise.

3. 3.: Die Entzündungswerte in meinem Körper sind auf erfreuliche 0,5 gesunken. Doch nach einer wiederholten Computertomographie erfahre ich von Dr. Pauzenberger, dass Geschwüre im Darm festgestellt wurden. Hat sich also doch die Vermutung von Dr. Watzl bestätigt.

4. 3.: Ich warte äußerst ungeduldig auf die neuen Untersuchungsergebnisse. Und ich stelle fest, dass mein Allgemeinbefinden täglich besser wird. Ein

künftig beschwerdefreies Leben rückt in greifbare Nähe.

6. 3.: Ich fühle mich gut, schmerzfrei und will nach Hause. Es ist schon März, und ich habe noch immer keine Samen angebaut, von Blumen, die ich jährlich im Frühbeet züchte.

Visite: „Grüß Gott Frau Wallner, wie fühlen sie sich?", fragt mich Oberarzt Pauzenberger. „Es geht mir schon so gut, dass ich gern nach Hause möchte", ist meine Antwort. „Schön, wann möchten sie uns denn verlassen?" Ich: „Am liebsten noch heute." „Gut, dann werden wir sofort die Entlassung vorbereiten." Herbert ist überglücklich, als ich ihm am Telefon sage, er könne mich abholen. Auch er hatte viele Wochen mit mir gelitten und ist froh, dass es mir nun besser geht.

April: Eine lange Zeit der Genesungsphase ist vorbei. Ich stehe wieder mitten in meinem neuen Leben, habe viele Pläne und die Gewissheit, dass ich trotz meines reduzierten Gewichts genug Energie und Kraft habe, sie durchzusetzen.

27. 4.: Meinen Krankenstand habe ich beendet und fühle mich wieder fit und arbeitsfähig.

14. 5.: Voller Zuversicht fahre ich zur nächsten Kontrolle ins Krankenhaus. Zuerst findet die übliche Blutabnahme im Labor statt, und nach dem Ergebnis der Blutwerte, Termin bei Oberarzt Watzl. Das Ergebnis... niederschmetternd. Wieder

zu hohe Entzündungswerte. Ultraschall und CT zeigen tatsächlich Abszesse an meiner Darmwand. Erneut erfolgt eine stationäre Aufnahme.

15. 5.: Zur Darmentleerung muss ich drei bis vier Liter ekelhaft salziges Wasser trinken. Nach einer weiteren Choloskopie erhalte ich die Bestätigung, dass ich nochmals operiert werden muss.

19. 5.: Ein paar Tage verbrachte ich zu Hause, bis ich mich zu einem weiteren Eingriff entschließen musste. Um erneute Komplikationen zu vermeiden, bestehe ich diesmal darauf meinen Darm zu entleeren.

20. 5.: Meine Bedenkzeit ist nun vorbei, und es erstaunt mich selbst, mit welcher Gelassenheit ich mich diesmal in die Hände der Chirurgen begebe. Ohne auch nur eine Träne zu vergießen, ohne Aufregung legte ich mich auf den OP-Tisch. Sehr sanft, fast liebevoll, werde ich von den Ärzten des OP-Teams in den Tiefschlaf versetzt. Nach meinem Erwachen, irgendwann am Nachmittag, stelle ich fest, dass ich nicht auf der Intensivstation, sondern in meinem Zimmer liege. Eine liebe Bettnachbarin, die mir vor der Operation einen Marienanhänger als Glücksbringer geschenkt hatte, grüßt mich: „Hallo, wie geht´s dir?"

24. 5.: Diesmal ist alles ganz anders. Ich bin schmerzfrei und erhole mich zusehends. Jeder neue Tag ist besser als der vorherige und bringt

„stückchenweise" Kraft und Genesung. Ich habe zwar noch ständig Durchfall, aber da ich nur noch einen halben Dickdarm besitze und einige Schlingen meines Dünndarms den Operationen zum Opfer fielen, ist es nicht verwunderlich, dass eine zufriedenstellende Verdauung noch länger nicht zu erwarten ist.

30. 5.: Mein Entlassungstag. Endlich nach Hause. Frühlingswärme genießen und erholen. Ich wage es aber nicht, mich von Herzen zu freuen, denn Enttäuschungen gab es zu oft während des vergangenen halben Jahres. Zudem ist mein Zustand, zehn Tage nach der letzten Operation, noch nicht zum Jubeln.

Es folgen mehrere Monate Krankenstand, eine sehr langsame Besserung und viele Erfahrungswerte in Sachen Ernährung. Vor allem bei Fruchtgetränken und frischem Obst stellte sich ich eine Unverträglichkeit heraus.

An dieser Stelle möchte ich mich bei all meinen Besuchern im Krankenhaus recht herzlich bedanken, die mich in meiner Psyche stärkten und die langen Nachmittage angenehm verkürzten. Herzlichen Dank möchte ich außerdem sagen: dem gesamten Schwestern- und Ärzteteam, der Internen Station des Krankenhauses Kirchdorf und auch meinem Taufpaten Stefan, der mich sehr oft an meinem Krankenbett besucht hatte.

So gerne hätte ich auch wieder meine alte Lebensqualität zurück, und wenn ich einen Wunsch frei äußern dürfte, dann möchte ich noch 15 bis 20 Jahre im Kreise meiner Familie verbringen, die Hochzeiten einiger Enkelkinder mitfeiern und Urenkel in meinen Armen halten.

Noch einmal Franztal

Interessiert hielt ich den 33. Heimatbrief der Franztaler Ortsgemeinschaft aus Mondsee, vom April 2010, in meinen Händen. Den jährlichen Heimatbrief zu bekommen war für mich nichts Neues, da ich schon seit einigen Jahren Mitglied des Vereins der Franztaler bin, aber dieses Büchlein fesselte mich. Auf Seite 104 stand in großer Überschrift: `Franztaler 4-Tage-Fahrt nach Belgrad 30. 9. Bis 3. 10.´ Über vier Monate lang drehten sich meine Gedanken um diese Zeilen. Ich war hin- und hergerissen. Sollte ich die Reise buchen, oder doch nicht? Vielleicht wäre diese die größte Chance, das Haus meiner Mutter zu sehen? Der 30. Juli war das Ende der Anmeldefrist, den ich aber verstreichen ließ, und selbst im August zweifelte ich noch, bis ich endlich Anfang September das Reisebüro Feichtinger in Mondsee anrief, ob noch zwei Plätze für die Reise nach Belgrad frei wären. „Ja, Frau Wallner, im zweiten Bus wären noch acht Plätze frei, der erste Bus war so schnell ausgebucht, dass wir für diese Reise einen zweiten einsetzten", so die freundliche Frauenstimme am Telefon. Mein Zweifeln war zu Ende, mein Entschluss stand fest, ich buchte diese zweite Reise in die Vergangenheit für meine Tochter Sandra und mich.

30. September 2010: Abfahrt um 7 Uhr früh von Regau, über Wien-Schwechat, Ungarn und Serbien nach Belgrad. Während der Fahrt gab es erste Kontakte mit ehemaligen Franztalern. Eine ältere Frau, die einige Sitzreihen vor uns saß, konnte viele Fragen von Mitreisenden beantworten, kannte Namen von Familien und hatte anscheinend den Plan von Franztal im Kopf. Ich war höchst erfreut und zuversichtlich, mit Hilfe dieser Frau mein Ziel zu erreichen. Kurze Zeit später: Herr Franz Schumacher, der extra für diese Reise aus Las Vegas angereist war, fragte mich nach der Adresse meiner Vorfahren. „Ich suche das Haus meiner Mama, Nummer 13 in der Lärchenstraße", antwortete ich. „Das ist ja ein Zufall", sagte er sichtlich erfreut, „die Spreitzers waren meine Nachbarn, ich kann euch hinbegleiten." Ich strahlte vor Freude. Großartig, endlich hatte ich die Gelegenheit, das Haus indem meine Mama geboren und aufgewachsen war, zu sehen, zu fotografieren und meine Phantasie 65 Jahre in die Vergangenheit schicken.

Bis zur Ungarisch-Serbischen Grenze ging die Fahrt schnell und reibungslos voran, doch die Einreise nach Serbien war extrem schikanös, äußerst problematisch und zeitraubend. Unsere Reisepässe wurden penibel kontrolliert, und als eine Frau aus unserem Bus die Grenzstation fotografierte, wurden die Beamten erst richtig ungemütlich. Sie holten die Frau aus dem Bus und befahlen ihr, das Foto aus ihrer Kamera zu löschen. Erst nach eineinviertel Stunden, um 18 Uhr 06, durften wir unsere Reise fortsetzen. Nachdem wir in Ungarn schier endlose Sonnenblumenfelder hinter uns gelassen hatten, erlebten wir zur Abendstunde einen herrlichen Sonnenuntergang, der Baumwollfelder zum Leuchten brachte. Es gab Maisfelder soweit das Auge reichte, dazwischen kleine Häuschen mit Weingärten und Obstplantagen. Holprige Straßen ließen mein Mitschreiben zu einer Zitterschrift werden. Erst später merkte ich, dass unser Bus nicht auf einer normalen Straße, sondern auf der Serbischen Autobahn fuhr. Nach 14 Stunden Reisezeit kamen wir endlich um 21 Uhr im 4-Sterne-Hotel Best Western an, wo wir ein wunderschönes, komfortables Zimmer bezogen. Sehr hungrig, freuten wir uns schon auf das Abendessen, denn für längere Stopps während der Fahrt war keine Zeit gewesen.

1. 10.: Nach dem reichhaltigen Frühstück stieg allmählich die Spannung. Dieser war der wichtigste Tag unserer Reise, voller Erinnerungen an meine Vorfahren. Als Erstes ging die Fahrt nach Semlin. Unser Bus parkte direkt beim ehemaligen Salzamt, das ist im November 1944 die Endstation von namentlich aufgezeichneten 242 Menschen deutscher Herkunft gewesen. Wie

ich ja bereits erwähnte, wurden auch mein Großonkel, Ferdinand Braschel, und ebenso auch sein Vater, in diesem schrecklichen Gebäude auf grausamste Weise gefoltert und getötet. Das Haus, direkt an der Donau gelegen, existierte tatsächlich noch in ursprünglicher Form, mit bröckeliger Fassade, nur die Vorderseite zur Straße war renoviert, und makaberer Weise gab es an dieser Frontseite ein Lokal. Ein ekelhafter Gedanke, hier zu konsumieren, es würde mir den Hals zuschnüren. Dieses Denkmal der Grausamkeit mussten wir natürlich fotografieren, bevor wir die Straße entlang, bis zum alten Markt gingen, wo früher meine Oma und Uroma ihre Waren verkauft hatten. Ehrfürchtig und in Gedanken versunken, stand ich vor den Verkaufsständen. So ein denkwürdiger Ort musste natürlich auch bildlich festgehalten werden. Doch der Marktplatz, wie er heutzutage gestaltet ist, mit überdachten Verkaufsständen, war ursprünglich bestimmt nicht so komfortabel. Ich könnte mir vorstellen, dass meine Uroma seinerzeit mit einem Karren, beladen mit Gemüse, Obst und Blumen, zum Markt gefahren ist und einfach auf dem Boden ihre Waren ausgebreitet hat, um sie feilzubieten. Anschließend gingen wir in die Kirche Maria Himmelfahrt, wo extra für uns eine wunderschöne Heilige Messe gefeiert wurde. Junge Mädchen und Knaben spielten ergreifend schöne Geigenmusik, und sehr wohlklingende Stimmen aus dem Kirchenchor zauberten eine feierliche Atmosphäre. Im Anschluss an die Heilige Messe gab es im Pfarrhof Köstlichkeiten, wie sie damals die Franztaler Frauen zubereiteten. Selbstgemachen Blätterteig mit Schweinefett, den sogenannten Schmerblätterteig, in süßen und sauren Variationen, Mohn- und Nussstrudel, Zwetschkenkuchen und vieles mehr, dazu Slibowitz, Most, Wein und alkoholfreie Getränke. An einer Ecke des Hofes stand ein großer Feigenbaum, wo einheimische Frauen etliche süße Früchte pflückten. Ich wusste, wie köstlich die Feigen direkt vom Baum schmeckten, und bediente mich ebenfalls. Sandra war noch misstrauisch, aber die Serbischen Frauen gaben ihr einige Früchte in die Hand und zeigten uns, welche reif und süß waren. Nachdem einige Gruppenfotos gemacht worden waren, zeigte uns der Pfarrer, der zuvor die Messe gehalten hatte, ein betoniertes Taufbecken und ein Stück einer alten Säule von der während des Krieges zerstörten Kirche aus Franztal. „Bestimmt sind damals Mama und ihre Brüder Johann, Stefan und Franz in diesem Becken getauft worden", sagte ich zu meiner Tochter. Wir gingen aus dem Pfarrhof auf die Straße und befanden uns an der hinteren Seite des Salzamtes, wo ein Durchgang in den Hof des furchtbaren Gebäudes führte.

Neugierig, mit „schussbereiter" Kamera ging ich zaghaft mit meiner Tochter hinein. Verfallen, gruselig und verwahrlost bot sich auch der Innenhof. Ein schmaler Gang mit schmuddeligen Betonwänden führte zu einer alten, halboffenen Holztür. Mich verließ der Mut, aber Sandra wagte einen flüchtigen Blick hinein und traute ihren Augen nicht: „Stell dir vor, hier werden Gläser gewaschen, das muss die Küche für diese Straßenkneipe sein, schrecklich!", empörte sie sich.

Ein ehemaliger Franztaler erzählte, dass damals, nach dem schrecklichen Massaker, eine Frau gesehen hatte, dass viel Blut in der Donau geflossen ist. Bis heute weiß man nicht, wo die Toten begraben wurden.

Nachdem wir das Horrorhaus, das ich für immer in meinem Kopf gespeichert hatte, hinter uns gelassen hatten, besichtigten wir den Friedhof von Semlin mit wunderschönen, hauptsächlich schwarzen Granitsteinen. Unmittelbar daneben, auf einer separaten Wiesenfläche, waren alte Grabsteine vom ehemaligen Franztaler Friedhof aufgestellt, die zum Teil schon verfallen und unleserlich waren, aber doch einen würdigen Platz erhalten hatten. Ehemalige Franztaler und der Semliner Pfarrer legten vor der großen Jesusstatue auf dem alten Friedhof einen Kranz nieder, und anschließend wurde gebetet. Die Spannung stieg, als wir endlich unser eigentliches Ziel Franztal anstrebten. Der Bus hielt in Semlin zwischen Hochhäusern, am Rande vom ursprünglichen, idyllischen Ort unserer Vorfahren. Und dort vermischte sich die Moderne mit der Nostalgie. Mit großer Erwartung und einem Ortsplan in der Hand machten wir uns auf dem Weg zur Lärchengasse, vorbei an der alten Volksschule, die aber schon zu Mamas Schulzeit als Kindergarten genutzt wurde, weiter vorne an der Hauptstraße stand dann die neuere große Schule, die 1905 erbaut wurde. Einige hundert Meter mussten wir noch die Hauptstraße entlanggehen, bis wir staunend und erwartungsvoll in die Lärchengasse einbogen. MAPKA OPEWKOBNTA, so lautete in etwa der Serbische Name, da das „T" und auch das „N" anders geschrieben waren. Suchend nach der Nummer 13 gingen wir die Gasse entlang und tatsächlich: „Hier muss das Haus sein", sagte ich zu meiner Tochter. Das Nummernschild war alt und verrostet. Das ehemalige Heim meiner Mama und ihrer Familie war in seinem ursprünglichen Zustand. Drei große, braune, verwitterte Fenster steckten in der sehr renovierungsbedürftigen Hauswand. Aber wo war Herr Schumann? Er wollte uns doch das Haus zeigen, denn ich war mir nicht sicher, ob die Hausnummer von damals heute noch dieselbe war. Sandra und ich warteten, gingen dann die Gasse ein zweites Mal entlang, aber Herr Schumann war nirgends zu sehen. Eine Zeitlang blieben wir stehen vor dem Haus Nummer 13, machten einige Fotos, und dann öffnete ich vorsichtig die Eingangstür zum Hof, musste sie aber schnell wieder schließen, denn zwei kläffende Hunde rannten herbei. Alarmiert vom Hundegebell kam dann ein bärtiger Mann vor die Tür. Wir versuchten mit ihm zu sprechen, doch er war Serbe, der weder Deutsch noch Englisch verstand, deutete aber an, dass wir warten sollten. Schließlich kam eine Frau heraus, die mit Sandra englisch sprechen konnte. Misstrauisch musterte sie uns und ließ uns nicht in den Hof um zu fotografieren. Sie fragte, ob wir wieder in das Haus einziehen wollten. Nachdem ihr Sandra aber erklärte, dass wir kein Interesse an dem Haus hätten, sondern nur sehen möchten, wo meine Mama gelebt hatte, wurde sie freundlicher, und war sichtlich erleichtert. Sie zeigte uns den Innenhof und ließ uns fotografieren. Dann fragte uns diese Frau, ob schon vor ungefähr vierzig Jahren ein Ehepaar hier war, um das Haus zu sehen. „Ja!", rief ich, „das müssen meine Eltern gewesen sein, die vor ungefähr 45 Jahre da gewesen sind." Dass diese Leute sich noch daran erinnern, erstaunte mich. Lange stand ich noch vor dem Haus, das eigentlich immer noch, entsprechend der Erbfolge, den Geschwistern meiner Mama gehören würde. Wie schön, wie friedlich es hier war. Erst jetzt kann ich den Schmerz über den Verlust ihrer Heimat verstehen. Aber hier wohnen? Niemals! Das ist nicht meine Welt unter Serben. Und auch die Zeit ist eine andere.

Wieder in unserem Bus angekommen, saß Franz Schumacher schon auf seinem Platz. „Wo warst Du, wir haben Dich in der Lärchengasse nicht gesehen", fragte ich ihn. Er war mit dem Taxi hin-, aber sofort wieder zurückgefahren, weil er von seinem damaligen Elternhaus sehr enttäuscht gewesen war. „Franztal hat sich sehr verändert", sagte er: „Diese vielen Hochhäuser gab es damals nicht und auch nicht so viel Straßenverkehr."

Verständlicherweise hatte nach über sechzig Jahren auch dort der Fortschritt nicht Halt gemacht. Nur die kleinen Gassen von Franztal waren großteils noch ursprünglich und idyllisch.

Am späten Nachmittag, um 17 Uhr, fuhr uns der Bus zurück zum Hotel. Nach einer erholsamen Dusche ging ich mit meiner Tochter zum Abendessen.

2. Oktober: Um 8 Uhr 30 begann der nächste Tag voller Eindrücke. Während einer Stadtrundfahrt, erinnerte ich mich an einige Bauwerke, die mich vor vier Jahren schon beeindruckt hatten, als ich mit meinem Mann diese Reise gemacht hatte. Vor der Brücke über die Save sah man die zerbombten Gebäude des Verteidigungsministeriums und des

ehemaligen Sitzes des Generalstabs rechts und links der Straße, stumme Zeugen des letzten Krieges 1990, die unter Denkmalschutz gestellt wurden. Einige schöne, moderne Großbauten, Sportzentren und Baustellen zeigten Belgrads Wiederaufbau.

Die Reiseführerin zeigte uns Titos ehemalige Residenz auf einem Hang gelegen, die ich aber nicht unbedingt fotografieren und schnell wieder verlassen wollte. Das nächste imposante Gebäude das wir besichtigten, das sich aber noch im Bau befand und erst in mehreren Jahren eröffnet werden kann, war eine gewaltige, serbisch-orthodoxe Kirche in byzantinischem Baustil, mit einer Höhe von 70 Metern, einer Breite von 80 Metern und einer Länge von 90 Metern, die für 12000 Gläubige Platz bieten wird. Mit Fassaden aus weißem Marmor und riesengroßer Kuppel aus Kupfer, ist sie eine der größten Kirchen der Welt.

Um 10 Uhr 30 erreichte der Bus den Belgrader Flusshafen, wo wir ein Schiff bestiegen, das uns auf der Save bis zur Donau führte. Obwohl es am Oberdeck windig und kühl war, genoss ich die herrliche Fahrt. Man hatte wunderbare Sicht über Belgrad, die Ruinen der Festung Kalemegdan, und auf der anderen Seite der Save, Neu Belgrad. Als dann die Save in die Donau mündete, sah man in der Ferne, auf einem Hügel, die Stadt Semlin. Erst vom Schiff aus sah man Semlin, wie ein Vogelnest an der Donau gelegen, umringt vom Grün der Umgebung. So ein schönes Fleckchen Erde zu verlassen, muss meinen Großeltern sehr schwer gefallen sein. Erst als ich mit eigenen Augen gesehen hatte, wie schön es dort war, konnte ich Mamas Sehnsucht nach der alten Heimat verstehen.

Die Festung Kalemegdan in Belgrad, die eigentlich nur mehr aus ihren Grundmauern bestand, besichtigten wir nach der Schifffahrt. In einem Lokal in der Nähe der Festung war um 13 Uhr ein typisch serbisches Mittagessen bestellt worden. Zwischen mehreren, üppigen Speisefolgen gab es aber endlose Wartezeiten, sodass sich nach Stunden mehr und mehr Mitreisende verabschiedeten, um wenigstens noch einen kleinen Teil der geplanten Belgrader Fußgängerzone zu sehen, bevor wir um 17 Uhr wieder zum Hotel gefahren wurden. Nach dem Abendessen, das wie die Abende zuvor reichhaltig und köstlich war, spazierten wir mit unserem Reiseleiter und einigen anderen durch die düsteren Belgrader Straßen und genossen den letzten Abend in einem kleinen Lokal. Alleine wäre ich bei Dunkelheit nicht ausgegangen, aber im Schutz der Gruppe fühlte ich mich sicher. Vorbei an streunenden Hunden die im Park schliefen, ging ich um 23 Uhr mit meiner Tochter ins Hotel zurück.

3. Oktober: Unsere letzte Nacht in Belgrad ging um 6 Uhr früh zu Ende. Um 7 Uhr 30 mussten wir für die Abreise fertig sein, deshalb ließen wir uns von der Rezeption wecken. Nach dem Frühstück hieß es: Aufbruch in die Heimat. Die Wallfahrtskirche, Maria Schnee in Peter Vardein, zu der unsere Vorfahren, darunter auch meine Urgroßmutter, jährlich pilgerten, war unsere letzte wichtige Besichtigung auf den Spuren in die Vergangenheit. Zwei Tage Fußmarsch nahmen die Franztaler damals auf sich, um in der schönen, mit Fresken reich verzierten Kirche, zu beten.

Als in frühester Zeit noch die Türken im Land wüteten und die Christen verfolgten (so die Sage), zogen sich die diese auf die Anhöhe zurück, wo heute die Kirche steht. Die Türken befanden sich im Tal, wo sie ein plötzlicher Wintereinbruch mit Eiseskälte überraschte und viele von ihnen erfrieren mussten. Weil die Christen verschont wurden und daher über die Türken siegten, steckte einer vor Freude seine Reiterpeitsche in die Erde, woraus ein Baum wuchs, deren Blätter niemand zuordnen konnte. Man sagte auch, dass dieser Baum innen hohl wäre, wo sich fallweise die Mutter Gottes zeige. Es gab dort auch eine Quelle auf dem Kalvarienberg, wo angeblich viele Wunderheilungen stattfanden.

Unserem Führer, der Wissenswerts von der Kirche erzählte, schenkte ich zum Abschied eines meiner Bücher, das ihm viel Freude machte. Die Heimreise ging weiter, vorbei an der Festung Peter Vardein, die wir aus Zeitgründen leider nicht mehr besichtigen konnten. Schon um 12 Uhr Mittag hatten wir die Grenze nach Ungarn erreicht, aber die Einreise dauerte Stunden, sodass uns erst um 15 Uhr 15 die Weiterfahrt gestattet wurde. Inklusive zweier kurzer Stopps an Autobahnrestaurants, kamen wir endlich nach sechzehnstündiger Reisezeit um 23 Uhr 30 in Regau an. Somit war die Reise in die Vergangenheit, voller Eindrücke und Emotionen, zu Ende.

Ich hatte mein Ziel erreicht, die Heimat meiner Mama gesehen, und mit dem Schließen der Hoftüre des Hauses in der Lärchengasse 13, schloss ich auch das Kapitel alte Heimat meiner Vorfahren.

In Franztal blühen Blumen,
genährt von deutschem Blut,
selten nur ist Krieg dran schuld,
was ein Massenmörder tut.

Den Organisatoren der Franztaler Vereine Salzburg und Regau ein herzliches Dankeschön für diese unvergessliche, und für meine Person und auch meiner Tochter enorm wichtige, Reise zu den Wurzeln unserer Vorfahren, ebenso gilt mein Dank einigen Mitreisenden, die mir Fragen beantwortet und geholfen haben, das Haus meiner Großeltern zu finden.

Gedanken zum Schluss

Längst habe ich das „magische" Alter von fünfzig überschritten und kann behaupten, dass ich ein sehr zufriedener und ausgeglichener Mensch bin, dass mir alles, was ich mit meinem Mann geschaffen habe, viel Freude bereitet, jede Reise in die Ferne mir neue Eindrücke und Lebensqualität geschenkt hat. Ich bin eine glückliche Ehefrau, Mutter und Oma. Ich bin dankbar dafür, dass die Familie meiner Mutter aus ihrer jugoslawischen Heimat flüchten konnte und dem Balkankrieg mit all seinen grausamen Folgen entkam.
Meine Lebenseinstellung hat sich grundlegend verändert und es ist weiß Gott keine Phrase, wenn ich sage: „Ich wünsche mir nur Gesundheit".
Seit ich mit dem Schreiben der Biographie meiner Mutter begonnen hatte, denke ich oft an das Leid der ehemaligen deutschen Bevölkerung im jugoslawischen Raum, an die Kriegszeit im Allgemeinen, an die leidgeprüfte, unschuldige Zivilbevölkerung und die durch den Krieg hervorgerufene Armut, an die Bescheidenheit der Menschen damals, nur darauf reduziert, nicht hungern zu müssen und warme, „gute" Kleidung zu besitzen, nachdem sie ihre Häuser, Wohnungen und anderes Hab und Gut verloren hatten.

Trotz mancher Sünden bin ich ein gottesfürchtiger Mensch, glaube nicht unbedingt wortwörtlich an die Bibel, bin auch keine eifrige Kirchengeherin, aber ich glaube an Gott, die Heilige Maria, an Jesus Christus, an die Seele jedes Geschöpfes und an eine geistige Ebene, die für uns Menschen unfassbar, unerklärlich ist.

Egal welcher Religion man angehört, ob man an Gott, Allah, Mohammed, Buddha oder Manitu glaubt, Hauptsache man glaubt und ist sich bewusst, dass wir Menschen nicht das „Größte" auf der Welt sind.

Ich lebe gern, liebe mein Dasein genauso wie es ist. Es gab nicht immer Sonnenschein, aber auch trübe Tage muss man erleben, um die schönen zu schätzen. Menschen, deren Lebensinhalt es ist bis ins hohe Alter Geld und Reichtum anzuhäufen und dabei die angenehmen, wertvollen Dinge des Lebens total übersehen, kann ich nur bedauern. Alles auf der Welt ist nur geliehen, und mit Reichtum kann man sich keinen Logenplatz im Himmel kaufen. Ob reich, ob arm, in Krankheit und am Friedhof sind wir alle gleich. Dann haben Macht und Reichtum ihren Wert verloren. Und wenn für mich einmal der Zeitpunkt kommt, vom Dasein Abschied zu nehmen, dann möchte ich sagen: „Dennoch war es schön, mein Leben."

Biografie

Regina Wallner wurde 1952 in Grünau/Almtal im Gasthaus „Schaiten", im Betrieb ihrer Eltern geboren ist auch dort aufgewachsen. Sie arbeitete als Kellnerin im Betrieb ihrer Eltern. 1970 heiratete sie Herbert Wallner, mit dem sie später das örtliche Schwimmbad pachtete, in dem sie bis zu ihrer Pension arbeitete. Regina Wallner ist Mutter einer Tochter und eines Sohnes.
Das schicksalsträchtige Leben ihrer Mutter beschäftigt sie seit vielen Jahren. Ihre Suche nach deren Geburtshaus in Serbien war erfolgreich.

arovell BÜCHER (erschienen 2011)

Peter Assmann, Orte, dabei
Lyrik und Kurzprosa. ISBN 9783902808042.
Buchnummer d804. 80 Seiten.

Franz Nikolaus Bäcker, Wir kennen unsere
Zukunft, denn wir haben keine. Roman. ISBN
9783902547262. Buchnummer d726. 325 Seiten.

Klaus Ebner (Hrsg.), Mit Wort und Paukenschlag
Anthologie. ISBN 978-3-902547-24-8.
Buchnummer d724. 166 Seiten.

Manfred Goak, Einkaufen mit Frau G
Roman. ISBN 9783902547255. Buchnummer
d725. 270 Seiten.

Daria Hagemeister, Eine Überdosis Freiheit
Roman. ISBN 9783902547286. Buchnummer
d728. 245 Seiten.

Jürgen Heimlich, Ende eines Genies
Roman. ISBN 9783902808035. Buchnummer
d803. 136 Seiten.

Brigitta Hopf, es fließt aus mir heraus...
Gedichte. ISBN 9783902547293. Buchnummer
d729. 208 Seiten.

Horst Hufnagel, Der Nahversoger
Roman. ISBN 3783902547309. Buchnummer
d730. 200 Seiten.

Paul Jaeg, abtasten oder zuwarten
Lyrik. ISBN9783902808059. Buchnummer d805.
165 Seiten.

Christian Karner-Schwetz, Traanbecks
Ausnahmezustand. Roman. ISBN
9783902808011. Buchnummer d801. 235 Seiten.

Bernhard Kirchmeier, Die letzten entzauberten
Wochen. Roman. ISBN 9783902547354.
Buchnummer d735. 260 Seiten.

Mathias Klammer, Der Minimalismus der Dinge
Roman. ISBN 3783902547323 Buchnummer
d732. 153 Seiten.

Monika Krautgartner, Esel sei der Mensch,
Milchreis und Knut! Buchnummer d733. 152
Seiten. Kurzgeschichten. ISBN 9783902547330.

Günter Giselher Krenner, So ist das Leben
Roman. ISBN 9783902547347. Buchnummer
d734. 155 Seiten

Nicole Mahal, Ein Flügelschlag
Kurzgeschichten, ISBN 9783902808028.
Buchnummer d802. 185 Seiten.

Anita C. Schaub, Krause Haare
Roman. ISBN 9783902547408. Buchnummer
d740. 184 Seiten.

Andrea Walden, Jahrzeit
Geschichten. ISBN 9783902547361.
Buchnummer d736. 220 Seiten.

Christian Weingartner, Stadtballaden
Prosaminiaturen. ISBN 9783902547378.
Buchnummer d737. 124 Seiten.

Christine Werner (hg), Die Zuckerlfabrik im
Schulbankfach
Anthologie. ISBN 9783902547279. Buchnummer
d727. 208 Seiten.

Peter Paul Wiplinger, Sprachzeichen
Essays und Prosa. ISBN 9783902547392.
Buchnummer d739. 285 Seiten.

Regina Wallner, Tochter der Vertriebenen
Autobiografie
ISBN 9783902808110, Buchnummer e811
arovell verlag gosau salzburg wien

Alle Rechte vorbehalten!

Auslieferung, Bestellung und Verlag arovell@arovell.at
Zusendung portofrei (Zahlschein)! www.arovell.at
Preis/Ladenpreis 12,90

Adressen
Büro 1: arovell, A-4824 Gosau, Vordertal Nr. 660 ,
Tel. 061368430, Fax 061368430. Ltg. Paul Jaeg
Büro 2: arovell, A-1060 Wien, Stumpergasse 35/1. Dr. Sonja Jäger - Regionalleiterin für Wien und Geschäftsführung.
Büro 3: arovell , Zellerstraße 18, 5071 Wals/Salzburg.